致未來的男孩們

掙脫「男子氣概」的枷鎖

太田啟子

臺灣的讀者大家好：

《致未來的男孩們：掙脫「男子氣概」的枷鎖》能翻譯成中文，讓臺灣的讀者們看見，實在令人非常開心。

身為一名經常在接觸離婚案件（而這些案件多是社會全體性別歧視問題的縮影）的律師，我同時從教養男孩的過程中切身感受到，大人也對小孩的世界強行加上了不少性別偏見。本書中，我試著從這些經驗探討人們是如何習得性別歧視的價值觀、該如何才能盡量避免學習這種價值觀，以及不小心有了這些觀念後，能否藉由新的學習放下舊有的想法。

我從以前就一直想要研究性別平等教育法等臺灣法律。從住在日本的我眼中看來，臺灣的性別平等程度進步得令人眩目，是個在政治、經濟等各式各樣領域中，女性都擁有實質影響力而活躍的社會。不過，臺灣能走到今天這個地步，應該也是經歷了許多前人的奮鬥，也仍然有人為了至今尚未解決的課題所苦吧。

我是帶著一種單純的心情，希望為下一代的孩子打造更美好的社會寫下這本書。而這本書能夠跨越國界，來到擁有同樣心情、期望實現性別平等的各位手中，我真的很高興，也很好奇其他社會的人會怎麼思考、實踐這類議題，期待將來也能有機會聽到臺灣讀者們的感想。

太田啟子

前言

大家好。

我叫太田啟子，是一名在神奈川縣工作的律師。

這世上有各式各樣的糾紛，律師的工作就是接受這些糾紛當事人的諮商，幫助他們以法律解決問題。

雖說是律師，但每個人平常處理的工作十分不同，以我而言，目前處理最多的是離婚案件。我並非專門處理女性離婚訴訟的律師，但由於日本的女律師還不多（不到全體律師的兩成），希望找女律師的委託就會集中在一起，結果我的委託人有七到八成都是女性。

此外，跟其他律師相比，我也較常擔任性騷擾或性暴力受害者的代理人。性騷擾方面，我也承接大學等團體委託，以第三方立場聽取受害者的申訴，調查事實相關內容。另外，我也在「憲法咖啡」（憲法主題讀書會）等場合以講師身分舉辦講座。

私生活方面，我是育有兩個兒子的母親，孩子分別就讀小學六年級和三年級。

順帶一提，我和孩子們的父親已經離婚，也就是所謂的單親媽媽，一肩扛起育兒責任大概已有八年。

一邊從事律師工作一邊照顧兒子的日常、學習生活，日子雖開心卻也十分慘烈。加上我執筆寫下這些的此刻，全國因新型冠狀病毒爆發而停課，兩個兒子一直待在家中。精力旺盛又閒著沒事做的兄弟倆三不五時就會吵起來，我一下要安撫一下要教訓他們，同時要準備三餐、注意孩子的健康狀況、讓他們念書，時間完全不夠用，每天彷彿身處風暴之中。

在這樣的日子裡，我時時感受到的一件事就是：「**帶男孩子真的跟帶女孩子不一樣**。」

不知為何，我從小就很反抗那些強壓在人身上的「男子氣概」或是「女人味」，一直覺得人不可以因為「是男生」、「是女生」這種理由而有差別待遇。像是「不用讓女孩子那麼努力念書，只要長大得人疼就好」、「因為是女生所以數學不好」、「我們家小孩明明是男生卻很內向」這些說法，直到現在我還是很介意，想對說那些話的人說：「這樣是不對的！」、「單憑性別就認定一切，不是妨礙小孩發展的可能嗎！」

因此，我過去對於「男孩子的教養方法」這類經常在書店看到、書名以性別來分類的作品也都反射性地採取防備姿態。既然如此，我又為什麼會特地想寫一本以「男孩子的教養方法」為主題的書呢？接下來我將告訴大家。

我是三姊妹中的長女，在同住家人中只有父親是男性的環境下長大。我的父親是名忙碌的上班族，經常到國外出差，母親則是家庭主婦。暑假時經常與我們一起玩耍、年齡相仿的表親也是三姊妹。沒有兄弟的我，很少有機會能近距離看到「男孩子」的成長過程。當然，我在學校有接觸男生，一起玩耍，但人數並不多。

這樣的我在三十二歲時生下長男，三十五歲生下次男，成了兩個男寶的母親，每天開始面對「男孩子的教養方法」這種過去與我無緣的主題。

我和其他媽媽們聊天時感受到，儘管其中有個人差異，但母親本身是否有兄弟在男孩子教養方法的情報量上形成顯著的差距。有哥哥或弟弟的朋友會說「我哥以前是這樣」、「我弟都那樣」（順帶一提，也經常會聽到她們抱怨或感嘆父母對身為兒子的哥哥或弟弟和身為女兒的自己態度不同），我則沒有這些經驗。

也或許是這樣的緣故，當我看著兒子們的行為時，很容易對跟自己孩提時代過於不同的「男孩生態」感到吃驚，或是覺得奇怪：「這個世界是這樣對待男孩子的嗎？」

我雖然說「男孩生態」，但人類的行為和思考方式並非根據與生俱來的性別（如基因、大腦構造等程度）來決定。

我不打算否認性別或許會帶來某種大傾向，但我認為用「男人腦、女人腦」這些話，試圖以大腦的性別差異解釋男女行為和思考方式的不同欠缺科學根據。這種解釋叫「neurosexism（腦神經性別歧視）」，學術界近年來也開始重視這個問題。

我看著兩個兒子反而覺得，下意識深植在他們內心的，有很大一部分是透過周遭大人或媒體資訊的「學習」和外界給予的「洗腦」。

法國作家西蒙波娃有句名言，「女人是形成，而非生成的」。每當在人生路上感受到身為女性的難處時，我都會想起這句話。不過，當我從新生兒階段近距離看著兒子們的成長後，覺得男孩子也一樣，「與其說是生成男人，更像是『形成男人』」。

育兒過程中我深刻感受到，人類這種生物真的是從很稚嫩的時期開始就活在社會中的「社會性存在」。人類自蹣跚學步起就是這種狀態，雖說是理所當然的事，但直到孩子出生、我們每天一起生活前為止，我對這件事都沒什麼概念。繪本、漫畫、電視、幼兒園的朋友和老師……小孩子真的是從很小的時候開始，就在父母、家庭之外的各種影響下長大。

而這個社會給「女孩」和「男孩」的訊息也明顯不同。以玩具電視廣告為例，什麼商品是想強調「給女生」、什麼是「給男生」，一目了然。嬰兒娃娃的電視廣告中，女孩拿著娃娃「扮成媽媽」，搭配小女生的旁白「我的可愛妹妹」，顯然是以女孩子為目標客群。當然，應該有即使看了這個廣告也不感興趣的女生，也有會說「我想要那個娃娃」的男生吧，但這種東西一旦不斷積累，最後社會傳達給「女孩」、「男孩」的訊息顯然就會產生差異。

這種差異或多或少都會對女生和男生的感受與價值觀形成帶來影響。實際上，也有許多學術研究在分析媒體是如何刻劃女性與男性特質，構築兩性的形象。

在與兒子相處的日常裡感受社會丟給他們的訊息後，我開始認真思考，即使父母在家中沒有將「男子氣概」、「女人味」強壓在孩子身上，孩子也會不小心養成社會發出的性別歧視價值觀或行為模式。

這點女孩子當然也一樣。不過，這些外來影響在性別歧視結構中屬於弱勢的女生和屬於優勢的男生身上顯現方式不同，因此我不知不覺開始認為，教小孩時應該注意的地方當然也有所不同。

每當看到我擔任律師至今經手過的家暴離婚、性騷擾案件中，男性的言行以及媒體報導中性暴力加害者的行為，都覺得有太多人別說是反省自己的行為了，反而會惱羞成怒，指責受害者。

看著那些男性的言行我都會思考，「這個男人為什麼會養成這種性別歧視的想法呢？」另一方面也不禁認為，要這些中年或是邁入老年、無法修正性別歧視態度的男人，從根本上改變想法或許太難了。我雖然想相信加害者會改變，但也認為要靠說服和教育來達成，可能需要耗費莫大的心力與時間。

我開始有個想法，正在教養男孩的我當務之急，應該是以那些男人為反面教材，思考育兒時需要注意哪些事，以免男孩們將來成年後變成那樣才對吧——

身為一個意識到這個問題的母親，我記錄了自己日常生活中的各種嘗試，同時詢問各方同樣關注「男孩問題」的人，寫下了本書。

各位關心「男孩子教養方法」的父母以及為孩子將來著想、處於各種立場的大人，希望這本書可以讓大家開始思考「若想消弭社會上的性別歧視，男孩子的教養方法是否才更加重要？」

此外，對於今後將成為大人的男孩們，也期許這本書能成為一個入口，讓你們思考在性別歧視和性暴力等問題上，自己身為當事者將會有什麼影響。

致未來的男孩們　目錄

前言……005

第一章　圍繞男孩日常生活中的性別偏見

育兒日常中感受到的性別偏見……019
家長對孩子的性別偏見……021
什麼是「有害的男子氣概」……023
教養男孩的三大介意問題……025
問題一「男孩子本來就愛幹蠢事」……025
問題二「被放任的捅屁屁」……029
為什麼掀裙子行為銳減了？……031
問題三「男孩子欺負人其實是喜歡的表現」……033

第二章　男孩身上的詛咒

男性學的提問——「如果沒壞就別修」？……038
「同性社群情誼」的控制力……041

男生從幼兒時期就開始的權力抗爭……045
從男孩一直誤解到成人的人們……047
罪孽深重的情人節……050
在糾結「自己不受歡迎」之前……052
來自「incel」的暴力……054
誤將上床人數當作「受歡迎程度」……058
「能取悅男人」的女生才受歡迎？……060
想告訴女孩的事……062

與清田隆之談「男孩子為什麼會那樣呢？」……067

第三章　性行為前希望男孩了解的事

日本小孩也要「全面性教育」……105
性教育一直被視為禁忌的原因……108
觀看色情內容時需要察覺的事……110
細膩刻劃交流的女性向A片……113
避孕措施無論如何都不能省……115
理解「同意發生性關係」的意義……118

在能說出「討厭的話就跟我說」之前不發生性關係……119
理解性行為伴隨的責任有多大……121
性行為既非權利也非義務，更不是生命禮儀……122
與星野俊樹談「如何打造尊重多樣性的教室？」……127

第四章　怎麼教男孩認識性騷擾、性暴力？

為什麼必須教孩子認識性騷擾和性暴力？……156
性騷擾、性暴力是什麼樣的行為？……157
為什麼必須告訴男孩？……160
絕大多數性暴力加害者是男性……161
加害者根深柢固的認知扭曲……164
為了「不讓孩子成為性騷擾加害者」需要什麼樣的教育？……165
傳達性暴力的傷害有多深……166
無法想像性暴力傷害嚴重性的男人……168
什麼是強暴文化？……171
將現實中的性暴力當作「色情題材」的人們……172
忽視遭遇色狼的受害者或是即使發現也沒伸出援手的大人……176

男性的自發行動……179

第五章　思考產生誤解的表現手法

從「成為色情」中「感覺色情」……184
異性戀男性的性欲受到特殊待遇……186
深入日常生活中的性別歧視和性暴力表現……188
帶有性別歧視描寫的廣告為何會引起撻伐？……189
將厭惡的表情描繪成「色情」的危險性……191
只要能區分現實和虛擬的界線就好？……192
靜香的入浴鏡頭「很溫馨」嗎？……195
「性描寫」沒有錯，問題是「把性暴力當作娛樂的描寫」……199
媒體生態可以改變……200
與小島慶子談「身為母親，能向兒女傳達什麼呢？」……204

第六章　致未來的男孩們

不用否定自己的脆弱……240
不要把性暴力當成笑話……243

成為一個能抵抗同性社群同儕壓力的男人……244
用自己的觀點思考「用金錢購買性服務」這件事……245
了解僅僅只是「身為男人」便擁有「特權」……248
以行動負起擁有「特權」的責任……250
默不作聲等於消極助長不義……253
了解社會是被改變的……255
構築平等的關係……257
建立「新常識」，一起改變社會……259
後記……263

第一章
圍繞男孩日常生活中的性別偏見

如同前言中所述，我在帶兩個兒子的過程中開始關注「男孩子的教養方法」。

由於我不希望平常就將「女人味」和「男子氣概」的觀念強加在孩子身上，因此無論是稱讚還是責備他們時，我從來不會用「真不愧是男孩子」、「好man喔」或是「你是男生，這樣子很丟臉吧？」這種方式說話。

面對遇事總是會立刻嚎啕大哭的兒子，我雖然會說「不要哭」，但會跟他講：「你只是哭別人不知道你在想什麼。你試著用說的，說你為什麼難過？」、「你稍微冷靜下來想想看，這件事有嚴重到要哭成這樣嗎？在哭之前還有沒有能做的事呢？」

我也不知道這種做法有多少效果（如果有更好的說法，請大家告訴我），每次都要思考各式各樣的理由，煩惱該怎麼說才能傳達給孩子，說麻煩也真的很麻煩。不過我認為，如果單單用一句「男孩子不准哭！」來解決的話，長久下來事情應該會變得更麻煩吧……

育兒日常中感受到的性別偏見

不知道是不是這麼做有了成果，現階段，兄弟倆都不曾用自豪的口吻說什麼「因為我是男孩子啊」，或是批評朋友「不像男人」。

兩個孩子都很活潑，最喜歡在外面和朋友一起玩鬼抓人，屬於十分符合「很男孩子」這句話的類型。不過，他們也很喜歡可愛的娃娃，旅行時我會讓他們「可以買一個紀念娃娃」。因此，我家四散著各種娃娃，有在熊本機場買的熊本熊、迪士尼買的小熊維尼、首爾買的謎樣動物，兩個兒子有時也會讓娃娃扮角色說話。另一方面，他們買衣服時會想選黑色或藍色這種「男孩子的顏色」，也會和朋友玩戰鬥陀螺、Duel Masters 這種「很男孩子氣」的卡牌遊戲。現在，兄弟倆沉迷於電玩《我的世界 Minecraft》，不只自己玩，也熱中於看 Minecraft 專家之類的 YouTuber 影片。現在就是兩兄弟雖然也喜歡「很男孩子」的東西和遊戲，卻也不盡然全是如此。身為母親，我並沒有那麼擔心，今後也打算繼續將每次自己介意的事說出來，在一旁守護他們。

不過，男孩的日常生活感覺果然包了一層性別偏見的薄膜。

例如，以前有位偶爾才見一次面的親戚對著哇哇大哭的大兒子哄道：「你看看你看看，你是男孩子吧！男・孩・子！」我心想：「哇……」正因為知道本人毫無惡意，才更難跟對方說「不好意思，可以請你不要這樣跟小孩子說話嗎」是吧……

最近，兄弟倆喜歡的遊戲實況影片中，知名 YouTuber 說了一句：「好——是男人的話就該過去吧！」讓我覺得有點不舒服。

對方是無意的，但我經常發現有這種訊息滲入孩子們的日常空間。順帶一提，那時我跟孩子說：「不好意思等一下，我剛剛聽到他說：『是男人的話……』媽媽滿介意這種說法的。」結果大兒子跟我說：「嗯嗯我知道啊，做什麼好事跟是男生是女生無關對吧？我知道，不要打擾我看影片。」

就這樣，無論我再怎麼注意不要用性別歧視的方式對待孩子，依然會有各式各樣的語言和訊息滲入孩子們的生活。他們的日常生活總是包著一層性別偏見的薄膜，那層外膜有時薄得彷彿就快消失，有時又厚得壓迫著日常。

上述舉的例子只是單純的「如果是男人」這種標準論調，孩子從電視、漫畫等媒體接收的訊息中，還有刻劃女性的方式或是可能連結性暴力的表現手法等其他許多令人介意的地方。關於這點，我會詳細寫在第五章。

家長對孩子的性別偏見

育兒的路上，也時常會有跟我同世代的父母說出一些令人介意的性別偏見發言。

兒子上幼兒園時，同學的母親（育有三兄妹的媽媽）哀怨教育費太貴，她說：「小孩子真的很花錢，我們家都集中在哥哥身上，顧不到妹妹了。」我聽到時都僵住了。父母因為「是男生」這種理由在兒子身上投下比女兒更多的教育金毫無疑問是性別歧視。雖然那位媽媽採取一種開玩笑的口吻，我卻不得不祈禱那家的女兒不會受到父母親的差別待遇、不要受傷，也祈禱他們的兒子不會覺得「因為我是男生，父母在我身上花的錢比妹妹多是理所當然的」。我在工作上處理繼承財產等紛爭時，經常看到男性展露「我是長男，我不一樣」的特權意識，因此不禁祈禱孩子身上不會萌生那種意識。

也有過這樣的事──一位認識的男律師女兒出生了，幾名同業在聊這件事時有人隨口說道：「你女兒將來說不定會想當律師喔。」（律師界裡有很多親子檔）結果那名當父親的男律師說：「這個嘛，女生不要當什麼律師比較好……」我心想：「當著女律師的面你還真敢說！」對於他話中希望女人站在男人後面的性別歧視百感交集。話雖如此，感覺如果他的女兒將來真的想當律師，他也不是會去反對的人，但還是令人心情悶悶的。

另外，也經常聽到「在媽媽眼中，兒子無條件可愛」的言論（反之，也有類似「女兒對父親是特別的存在」這種說法）。很多人可能是不經深思、脫口而出，但我認為這種說法很有問題……「母親就是會疼兒子，無法不偏愛兒子」、「疼女兒和疼兒子的本質不一樣」，事實真是如此嗎？

我沒有女兒，看見別人家女兒會想「如果自己有女兒的話應該會很開心、很疼她吧」。其實，即使是父母和小孩，畢竟都是人，彼此間還是有合不合的問題。但至少在小時候，父母必須注意不要讓孩子覺得兄弟姊妹間獲得的愛有所不同，更不應該光明正大地說出「因為性別，疼愛程度不同」這種話。即使心裡覺得「兒子比女兒可愛」卻賦予它正當的理由，彷彿天經地義是很奇怪的一件事。

下意識將「人家說做母親的就是會疼兒子疼得失去理智」這種言論內化，在面對男孩可能會萌生「有害男子氣概」的行為時，或許會置之不理，放任不管。

什麼是「有害的男子氣概」

我突然沒頭沒尾冒出一句「有害男子氣概」，其實這是一九八〇年代美國心理學家所提倡的詞語（英文叫 Toxic Masculinity），用來指出社會上理所當然被視為「男子氣概」、受到讚賞、男性下意識被操作成那樣的特性中，隱含著與暴力和性別歧視言行相關，或是讓人無法珍惜自己的有害（toxic）性質。

葛瑞森・派瑞（Grayson Perry）在《The Descent of Man》一書中介紹，社會心理學家列出陽剛特質的四大要素：①「不能軟弱」，②「威嚴有氣勢」，③「無可撼動的堅強」，④「打垮對手」。意思是，不示弱、積極追求社會上的成功與地位、於危機中不為所動，克服難關，包含採取攻擊、暴力的態度，在社會上被稱為「男子氣概」。

不示弱、堅強勇敢雖不是壞事，但這種氛圍是否會產生一種弊端，令纖細溫柔、個性沉靜的男生否定自己的個性呢？

舉個例子，日本社會如今依然根深柢固存有「男人就該以出人頭地為目標」的觀念，感覺把「身為男人」的正面價值放在社會成功之上。取得社會上的成功雖好，但若沒有達到成功標準就是「失敗的男人」了嗎？此外，即使成功了，但可以對其他沒有成功的男性懷抱瞧不起的意識嗎？

於危機中不為所動能製造良好的效果，另一方面卻也過度壓抑痛苦、恐懼等負面情感，產生副作用。無法向人公開軟弱的「男子氣概」也是男性自殺率比女性高的重要因素吧（根據厚生勞動省統計〔☆1〕，日本男性自殺人數是女性的二・二倍）。

被社會視為「男子氣概」的要素並非全跟有害行為有關，它也是一種積極進取和自制的力量。當然，社會上的成功與勇敢的行為也沒有任何需要非議之處。然而，著眼於「不光只有好處，是否也會產生負面效果」的人實在太少了，其弊端就是或許會成為男人問題行為的遠因。

在被灌輸「男子氣概是好事」的價值觀後，只能用競爭勝負的結果肯定自己、對於地位要比女性「高」這件事過度執著而無法構築平等的關係、否定內心的不安和軟弱，透支身心埋頭工作……這些不都是男人常見的狀況嗎？那些我在離婚和性騷擾案件中看到的男人，他們行為的背後是否也有這些問題呢？

正因如此，男人是否必須意識到自己不自覺被灌輸了這種「有害男子氣概」，擺脫其所帶來的不良影響呢？

我的兒子今後將漸漸長為成年男子，對於祈求他們人生幸福的我而言，這些圍繞「有害男子氣概」的問題聽起來既迫切又重要。

教養男孩的三大介意問題

在教養男孩大約十二年的時間裡，有些言行經常會在大人身上看到，但我覺得那可能會灌輸孩子「有害男子氣概」，應該停止比較好。我將這些言行歸納成「三大問題」。

第一個問題是「男孩子本來就愛幹蠢事」。

第二個問題是「被放任的捅屁屁」。

第三個問題是「欺負人其實是喜歡的表現」。

以下我將依序說明。

問題一「男孩子本來就愛幹蠢事」

只要是帶男孩子，很多家長都會有這些煩惱，說孩子粗手粗腳靜不下來、把大人說的話當耳邊風、注意力渙散，忘東忘西、吵吵鬧鬧……也就是所謂的「男孩子日常」。

只要在網路上搜尋 hashtag「**蠢男孩母親死亡歌留多**（アホ男子母死亡かるた）」，就會看到帶男寶的辛苦母親們以搞笑的方式哀號和怨嘆。像是「【ㄍ】功課是每天早上做的事」、「【ㄅ】便當盒不帶回家」、「【ㄎ】口袋裡永遠有橡實」等等。

看了會讓人覺得不能同意更多而忍不住笑出來，邊點頭邊想「原本以為這種事太丟臉了說不口，原來別人家也是這樣啊」，獲得微微的安心感。我不否認這是種以自虐梗的心情，讓大家用育兒時會笑出來的話題熱烈討論的主題。不過，有兩件事卻令我很介意。

第一，這真的是「男孩子日常」嗎？我的疑問是，其實這無關性別，是「小孩子日常」吧？我自己小時候也常常把便當盒忘在學校，不是那種前一天會乖乖準備隔天上課東西的孩子。

育兒時經常聽到「女生心智比較早熟，比同齡男生更成熟」的言論。或許，整體來說是有這種傾向吧。

我想起兒子一個女生朋友因為像小大人一樣說話讓我笑出來的事。那孩子在給了我兒子小點心後用母親的口吻跟我說：「我剛剛把這個點心給了〇〇〇（我兒子），可以嗎？不好意思喔，一開始沒有問媽媽。」由於她說的話和稚嫩外表間的落差實在太滑稽，令我忍不住爆笑出聲。

不過，由於「女生心智比同齡男生早熟」的言論普遍存在於世間，當人們看到女孩子小大人的行為時就會覺得「女孩子果然很成熟」，把它當作已知論點的實例，強化這個既定想法，所以感覺這個觀點也有可能是倒果為因。

我也曾聽帶女寶的朋友說：「女孩子也是又粗魯又會做各種蠢事喔，我每天都在罵人……」即使是同一種行為，男孩子做大家就會笑著說「男孩子真的很愛幹蠢事耶」，對女孩子則是「女孩子也會做這種事啊，好有趣喔——」大人是不是會有這種反應呢？

我覺得大人應該要注意：當面對孩子稚嫩好笑的行為時，周遭的人因為性別而有不同的反應真的是件好事嗎？或許，即使大人口頭上沒有明確說出：「女孩子這樣做很沒規矩！」言行舉止卻不自覺將孩子誘導到一定的方向。女孩子也有可能是因為知道大人會有那種反應，才會比較早開始採取成熟的態度。「男孩子日常」的行為也一樣，大人的態度和男孩子的行為誰先誰後，也有可能是雞生蛋、蛋生雞的問題。

「男孩子愛幹蠢事」第二個令我介意的部分是，即使那些事真的可能是「男孩子日常」，但當周遭用「蠢事」一笑置之的舉止萌生對他人暴力相向的行為時，人們是否也會用「男孩子常有的事」一語帶過呢？明明應該是正面嚴厲斥責的行為，要是女孩子做相同的事絕對不會被帶過，卻用「男孩子本來就那樣」、「反正男孩子怎麼說也說不聽」、「調皮搗蛋啦——」來容許，這種事是不是經常發生呢？這種教養男孩子的方法，或許隱含了巨大的問題。

此外，雖然我沒有任何發展障礙的專門知識，但在離婚案件中經常看到家長或是小孩有發展障礙的案例，很關心這個議題。像是有些「靜不下來」、「無法整理東西」的孩子，可能患有ＡＤＨＤ一類的發展障礙。我有點介意，如果平常用「男孩子本來就這樣」帶過的話，對於輕度發展障礙或許會慢一步才發現。

我自己看著說再多次也還是會做一樣的事的兒子時，總是會面臨放棄的誘惑，心想：「算了，念了也沒用……」這種時候，「男孩子本來就那樣」這句話給了我那想拋棄一切的心情正當的藉口。

育兒之路無法事事追求正確也是莫可奈何的事，實際上，那些雞毛蒜皮的小事不去理它也沒關係吧？只是，我認為有些狀況也該停下來思考，在那些容易以「男孩子日常」帶過的行為中，是否摻雜了其實不能搪塞敷衍的事呢？因為，像這樣一次又一次以「男孩子沒辦法啦」帶過，有可能成為成年的男性無法敏銳察覺他人或自身痛苦，意即「有害男子氣概」的遠因。

問題二「被放任的捅屁屁」

我在前文提出，「男孩子日常」中可能會萌生對他人暴力相向的行為，其中一個想到的就是「捅屁屁」。某個年齡層的男孩子彼此間總是會鬧著玩「捅屁屁」（從他人背後，假裝或是實際用手指戳對方肛門部位的舉動）對吧？我非常介意周遭輕忽、放任這種行為。

以我們家兒子為例，我雖然沒看過他們真的用手指戳肛門，但兄弟倆打打鬧鬧，踢對方或是打對方屁股時會大喊：「捅屁屁!!」因為動漫裡有出現，他們就模仿那個動作哈哈大笑地玩著，但我不想他們將「捅屁屁」當成「有趣的惡作劇」。因為根據對象不同，對方或許真的會覺得很痛苦，不同方式也有可能造成身體的實質傷害，我每次都會嚴加叮囑兒子（儘管如此，不知為何他們總是一做再做……）。

兄弟倆也知道我會念他們，只要有人打對方屁股部位時，遭受攻擊的一方就會來告狀：「媽媽！〇〇〇（對方的名字）捅我屁屁！」每當這個時候，儘管不耐煩，我仍會跟他們說：「我之前就說過了，碰別人身體時不可以讓那個人覺得討厭。尤其是屁股、小雞雞這些穿泳褲有遮起來的地方叫做私密部位，屬於自己很重要的地方，要特別注意，不能把打那裡或是摸那裡當成玩笑或遊戲。尊重別人的身體就是這個意思。」說這些話時我絕對不會笑，而是以認真的表情循循善誘。或許是努力有了回報，兄弟倆最近不會再這麼做了，但為了讓他們停止這個舉動，我花了很多時間……

「捅屁屁」是日本獨有的「惡作劇」。我認為，將這種舉動定位成「惡作劇」是矮化一種惡質的行為。

或許，很多人會覺得我大驚小怪。

我小學十幾歲時，一個認識的男生突然從我背後大喊「捅屁屁」，拿手指用力戳我的肛門部位。即使過了漫長的時間，當時那種不舒服和厭惡的感覺至今依然強烈留在我的腦海裡。那種行為果然只讓人覺得是性侵害。

在日本提倡並實踐科學性教育的先驅——村瀨幸浩（前一橋大學講師）也在著作中寫到，「捅屁屁」是「性虐待」（☆2）。

或許有人會覺得說「捅屁屁」是性暴力太誇張了，但由於那是對肛門的物理性接觸，根據情況最高可判處強制猥褻罪，即使不到那個地步，也有可能被追究民事責任。若是動作粗魯，肛門附近也有可能受傷吧？即使捅人的一方只是想「惡作劇」，遇襲的一方卻會在性方面產生強烈的不舒服和驚嚇。「捅屁屁」除了是暴力，什麼都不是。

二〇一八年七月，茨城縣發生一名三十四歲的男子以空氣壓縮機朝男同事的肛門噴氣，使對方因肺部損傷致死的案件。過去也有好幾起這類傷亡案件（☆3）。報導中該名男子表示：「我只是惡作劇，沒想到他會死掉。」這就是將肛門的粗暴接觸當成「惡作劇」的思維實際致人於死的例子。

面對粗暴對待人體容易受傷的部位，將其視為一種有趣的「惡作劇」行為，大人應該介入，告訴孩子這大大悖離了對他人身體和人格的尊重。

為什麼掀裙子行為銳減了？

儘管如此，或許也會有些反對的聲音認為「這是需要一個個挑毛病的事嗎？」、「想讓這種行為消失，不可能吧？」、「小孩子長大以後就不會這樣了，把它當小孩的惡作劇，睜一隻眼閉一隻眼不就好了嗎？」

過去，「掀裙子」也曾被定位成「男孩子常有的惡作劇」。我這個年紀的人念小學時，教室裡真的有男孩子會掀女生裙子。雖然是我個人的感覺，但跟我小學時相比，現在把掀裙子當惡作劇的小學生似乎少了很多。我沒聽兒子或是身邊的人說過這類的事，即使有，應該也會造成很大的問題。

跟捅屁屁相比，掀女生裙子看內褲的性含義更明確，是種顯而易見的性暴力。老實說，為什麼這種事以前會被當作「男生調皮搗蛋」而受到允許呢？現在回想也充滿疑問。

雖然我說「以前」，但最近在電視節目中，藝人龜梨和也把「我小時候狂掀女孩子裙子」講得宛如英雄事蹟，製作單位也把這件事當成趣事，特地準備了「龜梨曾經熱愛棒球和掀裙子！」的道具字卡。龜梨和也搭配掀裙子的動作搞笑地說：「我從幼稚園就是人稱掀裙界的王牌。」其他來賓也邊笑邊回應：「只要是男生都會這樣齁——」

這是個也很受小孩歡迎的節目，由我兒子和外甥都很喜歡的偶像——嵐擔任主持人。我打從心底慶幸他們那天剛好沒看這個節目。即使是過去的行為，但以搞笑有趣的方式敘述是龜梨和也與節目現在的行為，並不適用「以前沒有掀裙子是不對的常識」這種藉口。這件事瞬間在網路上引發討論，社群網路出現大量留言，批評龜梨和也以及製作這樣內容的節目組。有很多人跟我一樣看了節目都覺得很不對勁吧。

這件事之所以會出現廣大的批評聲浪，無關乎龜梨和也是知名藝人，而是因為「掀裙子本來就不可以做，不能當作英勇事蹟」的常識經過時間深入這個社會了吧。明明掀裙子在過去被視為「只要是男孩子就會做的頑皮惡作劇」，如今卻有了這樣的轉變。同樣的，「不能捅屁屁」也很有可能成為一種常識吧？

我認為，像這個節目這樣，將現行常識不允許的行為視為從前的「調皮搗蛋」來搞笑，會降低人們看待傷害的嚴重性，帶來不好的影響。媒體這種與好不容易固定下來的常識背道而馳、輕率的操作令人感到遺憾。

將性暴力當作「搞笑梗」會灌輸觀眾輕視性暴力的意識。尤其這是一檔小孩子也會觀看的節目，希望製作人對於「節目應該避免灌輸大眾錯誤認知」這件事能夠更加敏感。

問題三「男孩子欺負人其實是喜歡的表現」

在帶小孩的過程中……與其這樣說，其實我自己也經常看到這種說法——當男孩子欺負女孩子，惹對方哭時，周圍的大人常會一邊斥責他要他道歉，一邊揶揄：「你做這種事是喜歡人家吧？」再試圖安撫女孩子：「那孩子一定是喜歡妳，原諒他喔。」雖然說這些話的大人應該沒有想太多，但我認為這種說法無論對女孩還是男孩都非常不好。

的確，面對在意的對象，小孩子無法聰明地表達自己的好感因而出現捉弄人的舉止，結果最後讓對方覺得不舒服……這的確就是小孩子會有的行為吧。不過，我認為這之中也存在一種風險，可能會讓小孩誤會出自好感而令對方不舒服的行為是不是「比較沒有那麼壞」。

無論動機是不是因為對對方有好感，不能做的事就是不能做。把找人家麻煩當作好感的表現，是扭曲的表達方式。孩子因為年紀小，無法好好表達情感無可厚非，但大人不能容許「那其實是喜歡的表現」，應該認真教導孩子：「如果想跟人家當好朋友，就不可以找人家麻煩。那樣做不但無法傳達自己的心情，就算對方討厭你也沒話說。」

有些男生即使沒有這種勸導，在成長過程中或許也會自己察覺這個道理。但覺察越早越好，需要靠大人勸導才能覺察感覺也都晚了。我認為，大人必須注意「男孩子就是會欺負喜歡的女孩子啊～」這種可能會妨礙男孩子覺察的言論。

這種說法對女孩子也有害，因為會讓女孩子在內心種下即使覺得不舒服，卻將生氣、想抗議的心情抹殺掉的種子。「因為喜歡妳才不小心這麼做」的說法，或許也跟家暴受害者無法馬上生氣有關吧。

在離婚案件中，我經常看到一邊毆打妻子、一邊若無其事說著「我希望妳能理解，這是因為我愛妳」的男人，或是明明已婚卻謊稱單身、和女性發生關係的男人解釋：「因為我喜歡妳。」或許是看了太多企圖用「我喜歡妳」將不尊重對方的態度正當化的例子，我才會對「欺負人其實是喜歡的表現」這種言論產生警戒吧。

誠如以上所述，那些我擔心或許會成為「有害男子氣概」的種子，包含一些很微小的事，經常出現在男孩的日常生活中。

身為一名正在育兒的家長，我強烈盼望男孩子能夠自由自在地生活，不要落入那些陷阱。即使稍微陷落，提供足以爬出陷阱的力量和資訊也是大人的責任，不是嗎？

下一章，我將稍微深入探討身為大人的我們可以做些什麼。

☆1 平成三十年間自殺概況【https://www.mhlw.go.jp/content/H30kakutei-01.pdf】。厚生勞動省。

☆2 村瀬幸浩（二〇一四）。男孩的性教育——建構柔軟的關係（男子の性教育——柔らかな関係づくりのために，第九十九頁）。大修館書店。

☆3 空氣壓縮機成為凶器……男子肛門遭灌入空氣致死，「沒想到他會死掉」（二〇一八年七月十四日）。赫芬郵報日本版。取自：https://www.huffingtonpost.jp/2018/07/13/air-compressor_a_23481845/

第二章 男孩身上的詛咒

本章將會把我第一章所提到的問題意識放到更大的脈絡中，看看在我們的社會中如空氣般無所不在的性別分工刻板觀念，探討這類性別歧視的詛咒帶給男孩們什麼影響。

這部分，我想參照「男性學」累積的觀點。

男性學的提問——「如果沒壞就別修」？

大家聽過「男性學」嗎？應該有很多人對這個詞不太熟悉吧。目前，大學裡標榜「男性學」的課程還很少，「在學校念過男性學」的人也寥寥無幾。

一九九六年出版的《男性學入門》（男性学入門，暫譯名，作品社）是這門學問的先驅著作，作者伊藤公雄（京都大學、大阪大學名譽教授）在日本比現在更不熟悉男性學的時代便開始鑽研這塊領域。以下引用這本書的一小段內容：

> 那麼，這個「男性學」到底是什麼？
>
> 當然，「男性學」是因應「女性學」發達而生的產物。所謂「女性學」，是由女性一手孕育的學問，目的是為了創造出一個能讓女性發揮能

力，透過自我實現擁有更豐富人生的社會。

而所謂的「男性學」，仿照女性學的話，是為了讓現代社會難以說擁有充實人生、如前所述懷抱各式各樣「問題」的「苦惱男人」可以打造更豐富人生而生的學問，可說是一種「探討男性生存之道的研究」吧。（同書頁2）

如同伊藤公雄自己所說：「當然，『男性學』的風格形形色色，我甚至認為有各式各樣的『男性學』是更好的狀態。」（同書頁3）「男性學」的解釋不只這一種。不過我們可以這麼理解，男性學就是男性以當事人的立場，思考自身在這個父權、性別歧視結構牢固的社會中存在之道的問題。

然而，雖說是「男性存在之道的問題」，但在現今社會中沒有困擾、不覺得自己哪裡不自由的男人，對「男性存在之道有些問題」這件事應該毫無概念，也不認為有需要「改變」吧？如此一來，面對「必須改變男性存在之道」的意見時，別說是無法理解了，甚至會有人感到抗拒：「為什麼我非得改變不可？」

關於這類的無法理解與抗拒，第一章也提到過的《The Descent of Man》（葛瑞森・派瑞著）裡這麼說：

> 在談論性別議題時，男人的感覺簡單來說就是「如果沒壞就別修」。對男人而言，目前的狀況似乎沒有問題。那麼我想問問：「現在真的很好嗎？」即使男性特質的犧牲者有一半是男人也這麼認為嗎？男性特質或許是一道妨礙男人活出「真正自我」（無論那是什麼姿態）的束縛。由於被迫追逐控制與征服，男人可能一直都不看重對人類而言最重要的事——尤其是心理健康的問題。在男子氣概的驅使下無法順利獲得幸福也不一定。（同書頁11）

「如果沒壞就別修」（If it ain't broke, don't fix it）是句英文諺語，意思是「系統或方法沒出問題，能用的話就不該改變」，意即「目前的社會『沒有壞』（沒有問題），所以不需要做任何事」。如果藉上述派瑞的說法來比喻我對男性學的理解，男性學就是男人自己針對以下三點提問的學問。

①社會真的「沒有壞」嗎？

②其實，社會出了問題，所以人們才必須忍受許多不合理的事吧？男人應該需要改變的勇氣，不再忍受不合理吧？

③為了修正社會壞掉的部分，男人難道沒有必須做的事嗎？

而這也是我希望兒子們將來能靠自己理解、思考的問題。在自己活得幸福、自由的同時，也盡好社會一分子的責任，讓人生更有意義。

「同性社群情誼」的控制力

思考男性特質的存在時，「同性社群」（homosocial）是常會出現的一個概念關鍵字。homo 意指「同性的」，雖然「homosexual」的意思是同性戀，但 homosocial 卻不一樣，同性社群指的是同性之間與戀愛無關的連結和關係。

「同性的」在意思上雖然也包含女性間的關係，但一般講「同性社群」時多用來表示男性之間的聯繫，也就是所謂的「男人間的交情」、「男人的友情」、「男人的情誼」。說到「情誼」，聽起來好像很好，當然，不是說男人彼此間不能相親相愛，但問題在於，那種情誼很容易排除女人或是缺乏「男子氣概」的男人這類異己。最具代表性的就是男同性戀（gay）會成為社群裡厭惡、嘲諷的對象。一般認為，同性社群關係的特徵是，共享「男子氣概」的男人聯合創造出的厭女（misogyny）與恐同（homophobia）。

在日本，國會、地方議會和企業經營團隊等決定社會重大決策的位置上清一色都是男人。由於當初設計制度時的前提並不包含「異類」的存在，女性難以參與，使得這些地方一直無法成為一個多元的場域。

那麼，同性社群對男人（非同性戀等性少數族群的男人）而言是舒適的關係嗎？那倒也不盡然。因為，同性社群團體中經常彼此競爭「誰最有男子氣概」。在這種價值觀的控制下，男人被迫得不斷證明自己的優秀（運動技巧、強健的肉體、工作業績等），意識彼此間的上下序位。若不想遭同性社群的連結排除在外就會產生一種心理，向男性夥伴強調自己的「男子氣概」表示「我很 man」，以獲得認同。如前所述，傳統被視為「男子氣概」的要素雖然不全然是壞事，但經常摻雜具有攻擊性的「有害男子氣概」。而男人便有可能在團體裡下意識地以基於「有害男子氣概」的行為互相競爭。實際上，近年來好幾起報導中出現的團體性侵案，都讓人覺得是源於這一類的同性社群失控。

此外，「有害男子氣概」不只危害他人，也傷害自己。一位我認識經常處理過勞死案件的律師說過：「過勞死就是男性特質的病理。」當然，近年來也有不少女性過勞死、被逼過勞自殺的案例（電通女員工和ＮＨＫ女職員過世的事件還令人記憶猶新），不過，就大方向來看，過勞死的案例中男人果然還是占壓倒性多數。

這果然是因為「男子氣概」這道束縛在逼迫他們吧。儘管肉體和精神都已達到臨界點卻無法說出「好痛苦」、「想辭職」；一旦站在背負責任的立場便覺得自己必須努力想辦法，不會想藉助他人的力量；「身為男人」，就會感受到擔起一家經濟、養老婆的責任，難以找人商量或是吐苦水……大部分的男人或多或少大概都有過這種感覺吧？

根據剛才那位律師的說法，因過勞自殺而死的男性上班族大多沒有留下遺書或日記，可以看出他們在煩惱什麼或為什麼所苦，要證明自殺的原因是過勞十分花力氣。儘管都已經被逼得要自殺了，卻連面對親近的人都無法坦承自己為什麼所苦，一個人扛著煩惱，「忍耐」到極限。這不就是「男子氣概」的堅強適得其反釀造的悲劇嗎？

另一方面，逼迫那些人的上司和企業本身，也有可能受到同性社群價值觀掌控。將說喪氣話、業績低落的人當成「喪家之犬」、讚揚為公司自我犧牲的精神、強定超額的業績目標測試員工對組織的忠誠、以餬口的薪水為要脅，職場騷擾……或許，這些傷害的源頭可以說又是那些「有害男子氣概」吧。

酒精成癮患者中有九成是男性。過度飲酒不但會對心理造成嚴重問題，也與自殺有關。由於患者都不太承認自己有這方面的問題，因此，人們也都說「酒精成癮症是否認的疾病」。關於這點，精神保健福祉士也是社工師的齊藤章佳與研究男性學的田中俊之（大政大學副教授）對談（☆1）時，田中俊之指出，「無法承認自身問題和困境的心理，或許是受困於男子氣概」。

齊藤章佳也說，這些人明明只要將自己的軟弱和煩惱說出來，說句「請幫幫我」、「請理解我的心情」，向周圍求援就好，但清醒時卻「遭男子氣概所困」而說不出口。酗酒則被視為一種想靠喝酒退化成小孩，讓身邊的人照顧自己的行為。

回頭來說，調侃是否有性經驗、攻擊性器官等男人對男人的性騷擾，也是同性社群典型的壞處表現。

對我這個一開始就被同性社群團體排除在外，也沒想過要加入的人而言，會覺得「只要大家一起拋棄『有害男子氣概』的話，不就能變得更輕鬆嗎？」但在同性社群關係中「獲得男人讚賞」上找到價值的男人，或許很難產生停止跟他人一較高下的想法。

在團體中感受疏離或是遭人揶揄戲弄，是任何人都討厭也需要勇氣面對的事吧。但我不願看見男孩們因為「不想被排除在外」而被納入同性社群關係中痛苦的模樣，不希望他們成為加害者或是受害者。為此，我不禁開始思考我們需要怎麼做。

男生從幼兒時期就開始的權力抗爭

當我們將「有害男子氣概」和「同性社群」這兩個關鍵字放在心上後，便能更清晰地看待教養男孩時的各種問題。

完全中學灘高級中學有位片田孫朝日老師，透過課後照顧學童的第一線經驗，仔細觀察分析低年級小朋友的遊戲方式與行為，寫下了《男孩子的權力》（男子の権力，暫譯，京都大學學術出版會）一書（這是本書的對談來賓星野俊樹告訴我的書）。

從書中可以看到，男孩子從小學一、二年級，或是幼兒園時期就已經萌生「有害男子氣概」和「同性社群」的觀念。片田孫老師觀察，男孩子在團體中會彼此競爭，建立上下序位，透過妨礙女孩子玩遊戲建構身為「男生」的優越性，確認彼此間的上下關係。

片田孫老師點出，最重要的是周圍大人對這些男孩的行為所採取的態度。「兒童中心」是一種尊重孩童個性、協助孩童主體性的教育思想，促使老師有所克制，不將「女人味」和「男子氣概」強行加在孩子身上。基本上是個理想的概念，卻也帶著陷阱。

什麼陷阱呢？「一般認為，在兒童中心思想下，當孩童從早期開始自動學習男女知識、自發性建立性別同伴關係、進行性別分化遊戲時，照顧者傾向鼓勵、不帶批判地接受。因為這些行為被視為孩子自己的需求、希望。」（同書頁30）也就是說，儘管孩子向大人傳達的希望已經受到社會既有觀念的影響，但在尊重「孩童主體性」的教育裡，那些一樣被視為「孩童的主體意志」，傾向包容接受。

以男生團體妨礙女生遊戲這種侵犯行為為例，儘管那是一種男生團體缺乏對女生尊重和敬意的行為，但在「將學生視為獨立個體」的兒童中心思想照顧方式中，容易將這些男孩的「調皮搗蛋」當作「個人行為」、「該名小孩自身的成長問題」，而不會注意已經存在於孩童關係中的性別問題。

書中提到：「若真心想從孩童人權、公共的角度處理性別問題，教育者和照顧者就不能只將小孩視為『個人』。因為，無論大人希望與否，小孩實際上多少都在性別分化，分化的過程經常會出現男女間的權力關係。因此，教育上的介入是無法避免的。」（頁271）片田孫老師指出，為了導正性別歧視的價值觀，周圍的大人必須積極介入。

乍聽之下，或許會覺得這是在肯定老師的「指導」，於尊重孩童自主性上開倒車。然而，片田孫老師並無此意，只是提出疑問，如何才能兼顧尊重孩童的自主性又能賦予他們肯定人權與多元的價值觀。

我對這個問題也深表認同。小孩子即使放任不管，也會從媒體和身邊大人的對話中接受性別規範，內化到大腦裡。「女生很弱」、「男生比較了不起」、「愛哭鬼不像男人」等等，若是容許這些說法，將這些當作小孩「本來的模樣」，孩子可能就會長成深信這些事都很「正常」的大人。

生在一個存有性別歧視的社會，若只是任由孩子隨興發展，孩子不見得就能自由自在。片田孫老師的書讓我深深理解，面對社會灌輸給孩子的既有觀念，大人反而要適當介入提供不同觀點，幫助他們去除那些想法，小孩才能活得更自在，也才是真正尊重孩童的主體性，不是嗎？

我強烈認為，那種適當的介入方式才是周遭大人必須有意識學習的內容。雖然片田孫老師的書讓我明確認識我想了解的就是那種介入的方法，但具體來說究竟該怎麼做呢？我依然處於每天在錯誤中學習的漩渦裡。

從男孩一直誤解到成人的人們

我深深感受到，全日本充斥著像這樣自小被灌輸「有害男子氣概」的例子，無人導正，自己也沒有察覺到問題，就這樣一路長大。

像是我負責的離婚案件中，經常可以看到男人因為「她跟我頂嘴」而毆打妻子，或是破口大罵「妳是靠誰才能生活的啊？」、「不高興的話就去賺跟我一樣多的錢！」。他們之所以一聽到頂嘴就怒火攻心是因為看不起對方；嚷嚷著有賺取收入所以地位較高，則是希望自己看起來高高在上。這樣的男人無法忍受和妻子處於對等的關係，需要時時刻刻感受到自己居於高位。每每在法院聽到他們的主張都讓我深切感受到：「啊啊，有害男子氣概……」

在這樣的案例中，我會提出各式各樣的證據，仔細撰寫妻子的起訴狀，主張「此為嚴重的暴力行為」、「原告受到嚴重的傷害」、「不改變離婚決定」，但無論提出什麼樣的證據，滔滔不絕講述「我沒有使用暴力，可能是夫妻吵架途中變成相互拉扯，我也有被太太刮到。不過，我現在依然很愛太太，希望她能回來」的施暴者並不少見。妻子則是在法庭上當著丈夫的面哭著發抖說：「我先生真的好可怕，求求你們讓我離婚。」總之，雙方的陳述和觀點實在南轅北轍。

此外，看著近年來連續造成問題的嚴重性別歧視、性侵案報導，也不禁強烈感受到「有害男子氣概」在背後的影響。

幾起近來引發熱烈討論的案件，如二〇一七年記者伊藤詩織具名指控安倍總理的親信記者山口敬之性侵、二〇一八年時任財務省事務次官的福田淳一遭告發對電視臺記者性騷擾、雜誌《DAYS JAPAN》前總編輯暨攝影記者廣河隆一遭揭露對多名女性性騷擾、性侵。無論哪起事件，加害者的男性不但看不出絲毫反省之意，甚至都一副覺得自己是受害者的模樣。

此外，二〇一八年多所大學醫學院被揭發於入學考試時以性別為由調低女考生分數，這起事件也是再明白露骨不過的性別歧視，網路上卻出現「因為有女生結婚或生小孩就辭職，扣分是合理的」這類擁護意見。

每次思考該如何減少這種言行會有性別歧視的人或組織時，都覺得光靠成人後的教育已經太遲了。

當然，規定企業和政府機關等職場開設性騷擾講座、言行性別歧視者給予人事考核負評，不讓其居於要職是很重要的。然而，要以這種方式讓「為什麼不該有這類言行」的根本觀念滲入他們心中、讓他們接受果然需要花費漫長的時間，效果也有限。

比起成年後的教育，我們不是更應該致力於盡早——應該說是從小就不要讓孩子有性別歧視價值觀的教育嗎？

我希望，當兩個兒子在不久的將來以男人的身分生活時，不會無意識地以性別歧視的言行傷害、壓抑他們的伴侶或是身旁的女性。當然，更別說是成為刻意歧視或性騷擾、性暴力、家暴的加害者了，也不希望他們成為有酒癮、賭癮，傷人又傷己的男性。

為此，我切身感受到，或許必須在比青春期更早的時候，盡可能在成長階段初期就開始教他們必要的觀念。因為，孩子的成長真的非常非常快。

罪孽深重的情人節

情人節起源於基督教信仰圈，在歐美等地方是人們向男女朋友或是重要的人贈送禮物的日子，並不限於「女性給男性」或是「表達男女之情」，這應該是眾所周知的事實。

據說，當這個習慣傳入日本時，西式點心公司（哪一間公司眾說紛紜）將這天導演成「女性贈送巧克力給心儀男性」的節日，從此便固定下來。近來，女孩子贈送給朋友的「友情巧克力」或是買給自己的巧克力也普及開來，但情人節巧克力那種「女生給男生、蘊含喜歡的心意」的印象還是很強烈吧。

我念國中時，全班女生發起了一個計畫，打算瞞著男生，「大家一起為全班男生做情人節點心」。或許因為是國外的日僑學校比較特殊，加上人數也少才有辦法這樣，班上的女生集合起來，興奮地做了點心。

然而好不容易到了情人節當天，女孩子在午休時宣布：「鏘鏘！我們要送全班男生禮物！」準備發送時，男生們不知為何全都一臉困擾，一個接一個地拒絕，女生這邊則因為預期外的結果而怒氣沖沖。雖然不記得細節了，但最後發展成大家在班會上討論這件事。

我們後來知道，班上男生事先達成了「情人節誰都不要收巧克力」的協議，然而卻發生出乎意料的狀況——「全班女生送全班男生禮物」。他們不知道可不可以收下，面對女孩子「特地做的禮物卻被拒絕」的怒火，受到罪惡感的苛責。

這是場如今想起會令人忍不住失笑的誤會，至今在同學會上也還會被提起。不過，當時的我感受到「原來，情人節對男生而言是個會赤裸呈現自己『受歡迎程度』的殘酷節日」，自己站在那樣的立場也會覺得很討厭吧……在那之前，我從沒思考過這個問題。試想男孩的心情後，自我反省了一番。

男孩們基於「自己一定不會收到巧克力」的悲觀預測，締結了「只要全部的人都不要收巧克力就好」的協議。想像一下他們的心情，胸口至今仍會覺得鬱悶。感覺針對「不受歡迎」的煩惱，不能只用一句「那種事不用在意」簡單帶過，而是有必須仔細面對的事物。

在糾結「自己不受歡迎」之前

所謂青春期，就是變得能夠漸漸自我相對化、客觀看待自己，另一方面，也會在意自己在他人眼中是什麼樣子，將「受歡迎」與否視為頭等大事吧。雖然班上「受歡迎」的男生或女生容易集中在某個特定範圍，但成人後，關係的重心將更偏向人與人之間的契合度，並不是因為「受歡迎」就能交到男女朋友。這是我自己後來察覺、恍然大悟的事實，為了國、高中生的讀者先在這邊寫下來。作家阿爾蒂西亞建議為戀愛苦惱的的女性「契合比受歡迎更重要」（☆2），面對容易被「受歡迎」這件事綁架的國、高中生，大人是不是也該有意識地向他們傳達「彼此契合其實比受歡迎更重要」呢？

我兒子念的公立小學禁止學生帶情人節點心到學校，但聽說果然還是有男孩子收到很多巧克力。大概是到了稍微會介意這種事的年紀吧，情人節時，當時念小五的大兒子說了這樣的話：

「我們班的健太（假名）說他收到很多巧克力。」

「我問他學校不能帶巧克力來他怎麼收到的，他說有女生拿到他家，放在信箱裡。」

「我沒有收到。我是沒有很在意啦。」

兒子大概是因為年紀還小，能坦然地跟母親說這種話。我心想既然如此，就趁現在跟他談談。

「健太一定是個很棒的男孩子吧，真好。」

「所謂的受歡迎，大概就是有比較多人看到那個人身上很棒的地方吧。媽媽覺得，人的優點分很多種，但小時候比較會只注意到容易看見的優點，像是跑得快啦，很會踢足球啦，講話很有趣等等。不過，我們人身上也有雖然很難立刻察覺卻很美好的優點，總有一天，也有人會發現這個優點。因為明顯的優點受很多人歡迎是件好事，但發展自己美好的部分，和雖然為數不多卻能看見那部分的人成為好朋友也會很開心吧。」

「所以，我覺得受不受歡迎不是那麼重要的事。雖然有段年紀會忍不住在意，但其實能讓人生幸福的要素是在別的地方。」

我殷殷切切地說道。雖然不知道傳達出去了多少，但大兒子乾脆地說：「嗯，我不在意。」然後，因為他說：「情人節比起巧克力，我更想吃烤肉。」所以那年情人節我們全家去吃烤肉，吃了好多兒子們喜愛的韓式烤牛排、牛舌和生泡菜。

來自「incel」的暴力

我會寫情人節的事，是因為最近有些男性因為糾結於「不受歡迎」的自卑感，而對女性展開極端攻擊的言行令我十分掛心。

或許有人會認為，煩惱自己「不受歡迎」不是什麼大不了的事，大部分的狀況也的確如此。不過，近年來，美國和加拿大有些男生因為不斷累積「不受歡迎」的自卑感，過於偏激導致暴力事件，引起了社會問題。在知道那些事件有多慘烈後，我不禁認為糾結於「不受歡迎」是件嚴重的事。

上述這類男性被稱作「incel（involuntary celibate）」，直譯的意思是「非自願禁欲」，簡而言之，就是形容「儘管非自願卻無法有女性交往對象的男性」。incel 認為自己交不到女朋友是因為女人瞧不起他們，對女人的厭惡與日俱增。以下是 incel 犯下的殺人案和對女性的暴力事件：

二〇一四年五月：美國加州發生艾略特・羅傑（Elliot Rodger）大型殺人案。凶手留下長達一三七頁的犯罪聲明〈我的扭曲世界——艾略特・羅傑的故事〉（可在網路上看到）與名為「艾略特・羅傑的復仇」的影片。羅傑在聲明與影片中表示：「女人拒絕我、瞧不起我卻又和其他男人上床。我沒性經驗都是那些高傲自大的女人害的。那些過得比我快樂、有上床經驗的男人，我恨你們所有人，我要懲罰你們。」訴說了他對拒絕自己的女性以及女性所喜歡的男性雙方的仇視和報復心。

二〇一五年十月：美國奧勒岡州一名二十六歲的學生在社區大學殺害九人後自殺。凶手曾提過艾略特・羅傑案。

二〇一七年十二月：美國新墨西哥州一名二十一歲的男子在高中殺害兩人後自殺。凶手曾以艾略特・羅傑的名義在網路討論區留言。

二〇一八年二月：美國佛羅里達州發生高中校園槍擊案，十九歲的男子殺害了十七人。凶手曾在網路上讚揚艾略特・羅傑。

二〇一八年四月：加拿大多倫多一名二十五歲的男子開車衝進人行道，造成十人死亡。凶手曾在網路上讚揚艾略特・羅傑。

二〇二〇年二月：加拿大多倫多一名十七歲的男子於情色場所持刀刺傷

多名女性。（☆3）

最後一起多倫多案件，加拿大當局以「恐怖攻擊」而非「殺人罪」起訴凶嫌。對女性明明白白高舉敵意、「只要是女人誰都無所謂」的隨機殺傷，或許真的可以說是「對女性的恐怖攻擊」吧。因仇視特定人種而犯罪稱為「仇恨犯罪」，以屬性而非個人人格鎖定犯罪目標。就這層意義而言，應該也有針對女性的仇恨犯罪人格吧。

incel 邏輯的特徵似乎是「自己本該擁有和女人上床的權利，卻因為遭到拒絕而無法行使。拒絕自己的女人很可恨」和「本來應該擁有的權利被不當剝奪」。以女性為目標的殺人案不只發生在歐美。二〇一六年五月，一名女子於韓國首爾鬧區地鐵江南站附近的KTV慘遭殺害。凶手是名三十多歲的男子，不認識被害者，潛伏在男女共用廁所裡，略過前面六名男性後持刀刺殺剛好進來的女性。凶手在提到殺人動機時表示：「女人都不理我，我恨女人。」這起殺人案被韓國女性歸因於「厭女（misogyny）」，掀起廣大爭論，也對韓國 #MeToo 運動的普及產生影響。

我無法認為這些事都與日本無關。二〇〇八年於秋葉原犯下隨機殺人案的死刑犯加藤智大，犯案前曾在網路上寫下「我沒有女朋友，因為這件事人生毀了。」、「如果有女朋友我就不用活得這麼慘了。」散發出incel的觀念。

此外，近年來，針對女性的激烈網路騷擾引發了社會問題。觀察這些騷擾的攻擊模式，從言語間透出的「都是女人害我現在這麼痛苦」，也可以感覺到其中部分攻擊是來自具有incel特質的男性。這些問題果然都跟「男性特質」的詛咒有密不可分的關係。

穩定的職業與異性關係，再歸結到「幸福的家庭」……在經濟高度發展的時代，是只要某種「普通」程度的男人就能期許的成功典範，但在經濟低迷時代便成為稀有的大餅，出現被擠下來的男性。「魯蛇」、「喪男」這類網路上自虐式的自我形容，顯現了認為自己在男性階層中無法成為「勝利組」的意識吧。當然，並不是所有以這種自虐說法看待自我的男人就對女人有攻擊性，但若是將自己「男人很痛苦」的意識、委屈，和「都是因為女人受到優待，我們才會吃虧」的反感連結在一起的話，顯然就是有害。

其實，令這些人痛苦的往往不是女性，而是性別歧視社會中「有害男子氣概」帶來的詛咒。我認為，如果可以不要用網路上的仇女言論來敷衍自己生活的痛苦，去看清真正的原因，解開「有害男子氣概」的詛咒，會有更多的男性獲得解救。

誤將上床人數當作「受歡迎程度」

有個詞叫「厭女愛女體」，似乎也是網路用語。表達了部分男性強烈蔑視女性，另一方面卻執著於和女性之間性關係的心理。

二〇一七到一八年間，標榜教導搭訕技巧的「真實搭訕學院」負責人其多次灌醉女性加以強暴的罪行東窗事發，多名「學員」和「學院長」獲判有期徒刑。號稱「學院長」的被告年約四十出頭，以教導「搭訕技巧」、「受歡迎術」為名，將二十幾歲的「學員」納入旗下。然而實際上他們做的，卻是以處罰遊戲為名灌女生喝烈酒，於女生醉倒後輪姦對方。

在這群人中，所謂的「搭訕技巧」和「受歡迎術」不是和女生培養感情、建立關係的過程，反而是教你如何無視女性的意志，得以多次上床。全程完全無視女性的意志和是否有意願。

學院長和學員將「受歡迎」和「與多數女性發生肉體關係」劃上等號，透過「搭訕」，比賽和女生上床的次數。他們沒有和女生溝通、建立關係後發生性愛的想法，而是利用灌醉的手段剝奪對方的意志，將女人的身體當作物品對待，把得手次數做為分數，彼此競爭，行為中絲毫看不到戀愛中最重要的過程——透過溝通建立信任。為什麼他們會將這種事和「受歡迎」混為一談呢？

採訪這起案件的作家小川玉夏（小川たまか）描述，這些學員的動機不單純是性欲，也因為身處奉學院長為領袖的團體中，擔心「反抗的話會遭到排擠」，即使感到疑惑也無法拒絕（☆4）。小川玉夏也寫到，儘管學院長自稱「喜歡女人」，卻頻頻說出不信任女性和輕視女性的言論。

學院長和學員比賽強拉女性上床的次數，彼此稱讚「你很行嘛」。身在其中的人儘管隱隱約約知道這是犯罪，卻因為是共犯而無法逃離團體。在同性社群關係中，以擺布女性身體為一種立於優越地位的手段，令人不寒而慄。

或許，這起案件屬於極為特殊的例子，卻也讓人感受到「有害男子氣概」呈現的極端樣貌。「想和女生上床卻不想溝通」，完全缺乏尊重女性的意識，只有滿滿的控制欲。

這個「溝通的省略」是否才是連結「有害男子氣概」的大問題呢？若是這樣，反過來說，讓男孩子去意識在各種情況下和對方仔細溝通交流，似乎能成為防止他們落入「有害男子氣概」的訓練。

我希望，未來的男孩們能有意識地理解，本質上最重要的事不是「受歡迎」，而是尊重對方、建立對等關係後的溝通交流。

「能取悅男人」的女生才受歡迎？

前一陣子，有本叫做《時尚可愛！美麗大典》（おしゃカワ！ビューティー大じてん，暫譯，成美堂出版）的小學女生時尚指南書在推特上引發話題。我想，對正值想表現出大人樣貌年紀的女孩說明漂亮打扮的方法，企劃內容本身應該可說是令人會心一笑吧。

然而，讀了之後發現書裡一個接一個都是這樣的內容：「和男友約會的關鍵是水潤臥蠶妝」、「我們喜歡這種女生TOP5」、「萬無一失！十二個受男生歡迎的舉動」。從頭到尾顯現「打扮漂亮是為了受男生歡迎」的價值觀。

最誇張的，是在讓妳受歡迎的「可愛談話技巧」中提到「男生喜歡被稱讚！」用「sa、shi、su、se、so」說明取悅男生的應對方式。使用「真不愧是！」、「我都不知道耶！」、「好厲害！」、「你品味真好！」、「原來如此！」五個日文首字發音分別是「sa、shi、su、se、so」的句子，強調「最重要的是打從心底稱讚！」

順帶一提，成人的世界裡習慣稱這個「sa、shi、su、se、so」為「聯誼五字訣」。若是明白這些話的意義，在有自覺的情況下說出來的大人就算了，但連小學生都要教她們吹捧男孩子是「受歡迎」的技巧實在令人難以苟同，在推特引發網友批評的聲浪。

本書談話來賓之一的清田隆之一語道破，「男性為何聽到『sa、shi、su、se、so』就會有好心情」才是問題的核心，與其說「男生喜歡被稱讚」，其實更像是「沒受到稱讚會心情不好」，顯現出男性無法自己給予自己自尊（☆5）。

藉他人稱讚來填補內心隱約的不安這點，女性也一樣，男女彼此偶爾這樣做也無妨吧？不過，自己取悅自己本來就是成熟大人的態度，我也希望孩子能長成這樣的大人。然而，就像「吹捧男人，將他們控制在手中才是成熟聰明的女人」這種論點，社會上不知為何有一股允許男性可以得到女性討好的風氣。如此一來，就會創造出依賴女人、不練習自己取悅自己（因而也無法進步），甚至認為女性取悅男性天經地義的男人吧。我認為，這是一種容忍男人幼稚的不良文化。近年來為人所知的「mansplaining」也是種男人透過高高在上教導女人的態度，利用女人取悅自己的現象吧。

女人這邊也有人會說「吹捧男人的女人更勝一籌」，肯定稱讚男人、讓他們擁有好心情這件事。然而，這種付出情緒勞動的照顧角色經常固定在女人身上，果然稱不上是一種平等的關係。身處具有強烈性別歧視的社會，女人的這種周旋方式如同一種處世之道，實際上應該也能發揮作用。因此，有些狀況批評女性或許是太嚴厲了。不過，女人果然還是該正視這不是一種平等關係的事實。至少，我實在無法認同這是該傳給下一代的觀念。因此，若是孩子身邊有類似《時尚可愛！美麗大典》這種想法的東西時，無論是兒子還是女兒，都應該仔細向他們傳達，要小心比較好。

想告訴女孩的事

前面寫了男孩的「詛咒」，接下來將稍微說一些我對於如何解開女孩身上詛咒的想法。

由於我沒有女兒也沒有外甥女，不太有機會和小女生直接談話，但如果我有女兒的話，果然還是會想趁早告訴她性別歧視結構的事。因為，女性無論如何都比較容易察覺到社會結構強行帶來的歧視。

雖然在希望培養孩子對社會信任的孩提時代說這種事真的很痛心，但由於我自己有好幾次受害經驗，因此也想趁早告訴孩子，女生比較容易遭受性侵害的事實。

我會竭盡所能教她避免受到侵害的準備，但同時也會反覆告訴她，即使真的受到侵害，她也絕對沒有錯，錯的人是加害者。

跟男孩相比，女孩比較容易被教導要避免爭執、笑口常開，就算有個性，當有人做出令自己不愉快的事時，感覺也大多無法馬上生氣反應：「你做什麼！」我看過許多讓人抓住這種「不習慣爭鬥」的特質而遭到家暴的女性。

我希望培養女兒當有了喜歡的人，無論是異性還是同性，交往後即使再喜歡對方，當對方做出讓自己不舒服的事時都有能力可以確實表達憤怒，說出「我不喜歡這樣」。

我也想告訴她：「妳不用向性別歧視屈服，我們大人會盡可能地保護妳。將來有一天，若妳也成為一個願意一起奮戰的大人的話，我會很高興。」

回想起我自己十幾歲時，是個內心充滿各種強烈矛盾的時期。我希望「男孩子喜歡自己」，但自己卻不是普世標準中「受男生歡迎」的類型，因此嘗試偽裝成「受歡迎」的類型。

成功後內心卻很矛盾，不成功又會沮喪，反覆這個循環。每當在女性雜誌上看到「惹人憐愛的妝容」、「放電強度」等詞語時，便會想起自己當年的矛盾，百感交集。我自己身上也有「女孩」的詛咒，一路跌跌撞撞走來。如今，我比從前對詛咒更有自覺，也更能協調自己，儘管如此，我也不知道自己是否完全解開了詛咒。

如果我有女兒的話，我會不停告訴她：「不要為了讓男孩子喜歡自己而裝笨。」因為，這是我也曾落入的陷阱，這種舉動真的會讓女孩子變得不幸、失去自由。

或許，我會讓她看演員艾瑪・華森於二〇一四年在聯合國的演說。

> 如果男人不需要為了被承認是男人而展現攻擊性，女人就不需要被迫服從；如果男人不需要主導一切，女人就不用受到控制。
>
> 無論男人女人，都有敏感纖細的自由，也都有展現堅強的自由。如今，是時候用更寬闊的視野看待性別，而非將其當成兩個對立的概念。（☆6）

我想盡可能創造機會讓她知道，這個世界上有許多女人像這樣具有宏觀的視野，表現真實的自己，活出精采。

☆1 齊藤章佳（二〇二〇）。不會失敗的喝法——如何不用酒精逃避生活（しくじらない飲み方——酒に逃げずに生きるには，暫譯）。集英社。

☆2 阿爾蒂西亞（二〇一六）。消極女子的戀愛基礎講座（オクテ女子のための恋愛基礎講座，暫譯）。幻冬社。

☆3 八田真行（二〇一八年七月一日）。重大犯罪接連不斷！侵蝕美國的大問題「過度激進的喪男」。現代商業。取自：https://gendai.ismedia.jp/articles/-/56258、背後是欲求不滿的恐攻罪，加拿大首度起訴十七歲少年（二〇二〇年五月二十日）。BBC NEWS JAPAN。取自：https://www.bbc.com/japanese/52737100、其他為筆者參照數篇英文報導所做的整理。

☆4 小川玉夏（二〇一九年二月十五日）。「真實搭訕學院案」法庭上所看到的奇妙犯罪構圖。現代商業。取自：https://gendai.ismedia.jp/articles/-/59788

☆5 清田隆之（二〇二〇年五月十六日）。連小學女生都被要求的「受歡迎技巧」，男人為什麼聽到「sa shi su se so」就會心情好？QJ Web。取自：https://qjweb.jp/

journal/20033/2/

☆6 山光瑛美（二〇一七年十月六日）。艾瑪・華森於聯合國演講訴說的事。「女性主義為何會成為令人不悅的詞彙？」Buzzfeed News。取自：https://www.buzzfeed.com/jp/eimiyamamitsu/emma-watson-heforshe-speech

與清田隆之（桃山商事負責人）談

「男孩子為什麼會那樣呢？」

清田隆之　Kiyota Takayuki

生於一九八〇年，大學時期起接受委託，提供戀愛諮商，自稱戀愛故事收集團「桃山商事」。截至目前已傾聽超過一千兩百名個案的煩惱，於雜誌、網路媒體、廣播節目中分享戀愛與兩性話題。著有《我以為那樣很好》（よかれと思ってやったのに，暫譯，晶文社）、《再會了，我們》（さよなら、俺たち，暫譯，STAND! BOOKS）多本著作。同時也於朝日新聞週六版 be 的「煩惱大熔爐」專欄中擔任回覆作家。

太田：我看了《我以為那樣很好——男人的「失敗學」入門》（晶文社），那是你在「戀愛故事收集團」傾聽各式各樣的戀愛故事後，擷取那些經驗所寫的作品，十分有趣。你說在傾聽女生戀愛故事的過程裡，一回神發現自己漸漸有了性別平等的觀念，回顧自己過去某些言行，會為自己捏一把冷汗對吧？

你不是「從大學就開始性別研究」，也不是那種「想特別學習性別歧視議題」的人，只是因為對戀愛故事有興趣，不知不覺察覺到自己也是當事者的男性特質詛咒。這點真的很有趣，請務必跟我說說這是怎麼樣的一個過程。

清田：那就請多多指教了。

在男校價值觀中成長茁壯的國高中時期

清田：我從大學起，和幾個男生朋友一起展開傾聽女生戀愛故事的活動，後來開始自稱「戀愛故事收集團桃山商事」。大學前，我念的是完全中學的男校，和女生幾乎沒有交集，頂多就是上學的路上偶爾和小學同學一起的程度。學校裡清一色是男生，我參加的當地足球俱樂部也都是男的。我就是在這樣的環境下，成長茁壯成一個「男生」。

太田：「成長茁壯成一個男生」，現在也有某種程度性別平等的視野。我一直想聽這樣子的男生回顧自己的成長過程。

清田：回想起來，小學時我去的補習班有一個女生超級聰明，雖然我把她當成對手，但完全望塵莫及。在認識那個女生之前，我不知為何自然而然有種「念書和運動都是男生比較優秀」的想法，但那個女生連跑步都很快，讓我經驗了徹底的落敗，這似乎是個關鍵。

另外，我們家是商店街的老電器行，好像是在泡沫經濟時期有賺錢，母親想讓我念貴族學校，我就參加了國中考試。不過我沒考上第一志願的立教中學，而是念日大豐山這所完全中學。我覺得無法回應父母期待的這件事在我心中也是一個很大的挫折。

太田：對小孩而言，那種愧疚感很大吧。

清田：上了國中後，身高被身邊的人一個個超越，足球也表現得越來越不突出，成績也都在及格邊緣。這些事讓我小學時原本對自己沒來由的自信變得七零八落。

男性學研究家田中俊之說，男人有種傾向，「想用成就或脫軌來證明自己的存在」，我就是這樣。因為明白成績和足球這條「成就」的道路希望渺茫，想著既然如此，便打算在「脫軌」的競爭裡獲勝。所以大概從高一開始，我就以「必須學著有趣才行！」這條路線為目標。因為畢竟是在男

校，所以我一開始就從「總之就是脫」著手……（笑）

太田：總之就是脫啊（笑）。真是簡單易懂的脫軌行為呢。

清田：我為了在上課時如何露出下半身而不被老師發現拚了老命。雖然很蠢，但身邊的人也都覺得很有趣，還稱讚我：「那個老師那麼恐怖，你還在他的課脫，很敢耶。」

太田：這就成為有趣的基準了吧。

清田：我漸漸食髓知味，開始有種「不敢在別人面前露鳥的人遜斃了」的優越感（笑）。現在回想起來會覺得那時候在搞什麼鬼啊，但我當時真心認為「無法捨棄自己的人是在耍帥，很遜」，是一種同性社群很誇張的大男人主義思考模式……

從升學挫折到「收集戀愛故事」

清田：不過，上高中後開始有人會約去聯誼，也有朋友交了女朋友，戀愛這種東西的價值越來越高，我則漸漸產生疑惑，覺得自己好像不受女孩子歡迎……我眼睜睜地看著以前覺得在男校價值觀裡地位比我低、完全不有趣的朋友受女生歡迎的樣子，漸漸理解原來「有趣」和「受歡迎」的標準有著天壤之別，發現「身高高」或是「很會K歌」好像才比較受女生歡迎……

太田：男校的價值觀不適用於戀愛啊。

清田：沒錯。我足球沒辦法當上正式球員，因為不念書成績也差，有種徹底碰壁的感覺，所以打算靠考大學來個大逆轉。由於我念的學校是日大的附屬中學，大部分的學生都是內部升學，但因為我希望「自己和其他人不一樣」，所以故意去參加外校考試。我身邊的朋友秋天推甄結束後就去考駕照啦，聯誼啦，過著開開心心的日子，我則是一個人去升學補習班考了好幾所大學，最後卻全軍覆沒，淪為重考生。從父母的角度來看，都讓你去念能直升大學的私立完全中學了，結果卻拒絕那條路重考，真的是隻浪費錢的米蟲吧……我向父母道歉，說「會用獎學金念大學」，在迫切的那一年裡發憤念書，考上了憧憬的早稻田大學文學院。不過，上大學後這次到了全都是女生的世界……我念的是文學院而且還是法語班，闖入學生有七八成是女生的環境，把我嚇得皮皮剉。

太田：是個極端不一樣的環境呢。

清田：上大學前，我和女生的交集只有聯誼，完全無法跟女同學對話閒聊什麼的……真的很不知所措。而且，我非常不習慣女孩子坐在隔壁這件事，真正的汗流不止，還一直亂想自己有沒有發出怪聲或是散發味道，怕女孩子覺得我很噁心。

太田：雖然我不知道大學生還有這種該說是清純或是天真的感覺正不正常，但這樣的男生又怎麼會開始聽起女生的戀愛故事呢？

清田：法語班有固定的小組，我和小組裡的女生慢慢變成好朋友，大家一起吃午餐的時候，自然而然就會聽到戀愛故事了。

太田：雖然這樣說有點失禮很不好意思，但從女孩子的角度來看，你大概是「雖然不是戀愛對象，但也正因為不是，才能安心聊天的男生」這種感覺吧。

清田：就是這種感覺。同學幫我取了一個綽號叫「清清」，把我認定為無害的男生，我也想說必須珍惜這個得到的角色……（笑）然後大家會報告自己的近況，有時候她們也會說「想聽聽男生的意見」就變成了戀愛諮商。可是光憑我自己的經驗能說的實在少之又少，所以我就找了國中和升學補習班認識的男生朋友，幾個人一起聽女孩子說。大概是這種諮商風格很特別吧，透過口耳相傳，後來變得連朋友的朋友，有時還有附近女子大學的學生也來找我們。那種感覺有點像工作，我們就假裝自己開了公司，取了個名字叫「桃山商事」，變成像正式的社團活動一樣。

為什麼大家說的話都一樣？

清田：因為是抱著好玩心態開始的活動，一開始根本沒想到什麼兩性問題，但在聆聽許多戀愛故事和煩惱諮商的過程中，我發現很多女生說的抱怨和不滿都一樣。典型的就是「釣到魚後不餵魚的男人」，交往前積極追求，一旦開始交往就不再約會，或是只泡在女友房裡做愛等等。很多男友是講兩句話就臭臉不說話，也有不少人是沉迷於柏青嫂不還錢……我越來越覺得「這種情況『很平常』嗎？」

另一方面，在聽這些事時，我內心也萌生了「我自己不是也會這樣嗎……」的想法。像是我高三時第一個交往的對象是打工認識的女孩，回想起來，我當時可能也有在她面前擺臭臉不說話，做出一些高姿態的舉動等等。一想到那些過去，便越來越覺得和現在這個邊聽戀愛故事邊點頭說「哇……男朋友好過分喔」的自己無法整合在一起。

太田：原來如此。本來應該是帶著距離聽別人的故事，結果卻發現其中有某些點跟自己相通啊。

清田：我覺得，跟知道彼此過去的朋友一起做這件事或許也很關鍵。女孩子跟我們商量戀愛問題時，我們有時候也會說：「你以前也做過類似的事吧？」互相揭露對方沒用的一面，馬上把朋友從「諮詢對象」這種了不起的立場拉下來。在這樣的過程中，我算是被半強迫地要重新解釋自己過去的行為，後來也很常變成反省大會，思考「我當時為什麼會做那種事呢……」

諮商初期，我用非常高亢的的情緒努力想讓傷心的女生提振精神，結果搞得雙方都很累，也常常不順利。我漸漸明白，反而是我們朋友間以前被認為「說話很無聊」、被瞧不起的成員其實是很優秀的傾聽者。因為這樣的經驗讓我開始思考，我從前做的那些事與其說是溝通，comunication，或許更像是報告，presentation。

太田：原來如此。「優秀的傾聽」應該是很重要的關鍵字。因為能報告卻無法溝通的人所缺乏的，就是「傾聽」和「傾聽後試圖理解對方意思」的程序吧。真的會看到有些男人以為自己在溝通卻不小心變成在報告……報告時，話者和聽眾的立場是固定的單向，溝通則是雙向，這就是不一樣的地方。

清田：這是讓我的思考有了一百八十度大轉變的體驗。「比起我們自己說，聆聽對方的話語更能讓案主打起精神」這種事說起來理所當然，對我們而言卻是重大的發現。從此以後，「聆聽」漸漸變成我們活動的重心。我也越來越常將這些收集到的戀愛故事寫成文章或是在網路電臺分享，跟著開始思考「難道，這就是所謂的性別議題嗎？」

別人的戀愛故事成為觀照自己的契機

太田：我覺得哥兒們之間應該經常會把失敗經驗或是彼此很遜的地方拿來當梗，為什麼你沒有把那些事當成笑話，而能連結到反思自己，挖掘自己深層的一面呢？

清田：我們幾個男生直接面對因男友的舉動而實際受傷、煩惱的女孩子，沒辦法大家笑一笑就算了吧？會不得不認為這是個迫切的問題，無法事不關己。在這樣的過程中，我漸漸覺得自己同理心的解析度變清晰了。看著當事人的反應，雖然朦朦朧朧的，但我似乎慢慢看到了對方好像真的很痛苦、不甘心得想哭這種「第一人稱的視點」……

太田：「同理心的解析度」也是很重要的一個詞呢。解析度提升就是溝通技巧升級了吧？育兒時該怎麼做才有辦法這樣，也是我關心的問題。你說看著當事人的反應似乎慢慢看到了「第一人稱的視點」，有讓你印象特別深刻的例子嗎？

清田：像是我們有聽過案主的男朋友沉迷柏青嫂，跟她要錢的事。因為案主也累積了很多不滿，我們就說：「這個男人真的很沒用耶！」把對方貶得一文不值。結果案主抓狂對我們喊：「你們懂什麼！」我當時很驚訝，我們本來是想表達同理心，不知為何卻反而惹案主生氣。但仔細思考後我重新想到，自己喜歡的人被第一次見面的傢伙大肆批評應該很不高興吧。

也有很多女生因為被男朋友嘲笑外貌而受傷。像是很胖啦、胸部很小啦、換髮型不適合等等，因為男友好像是在「鬧」或是「開玩笑」，女生也就沒辦法翻臉生氣的樣子。不過，實際上她們卻因為對方無心的一句話受傷了。聽著這些女生的話，我想起自己也曾經在別人面前鬧過女朋友的髮型，惹她哭之類的事。即使我只是把那當作一個梗或是沒有惡意的玩笑，但那卻是一種很自私的想法吧……我常常這樣反省自己。

太田：即使外貌遭男友批評或是開玩笑，女生也無法翻臉生氣是「很常見」的事吧……我自己也有這樣的經驗。即使過了二十年我都還記得很清楚代表我真的氣很久，但當時卻什麼也說不出口，表現得一派輕鬆，對方恐怕根本不記得了吧。外貌被那樣批評是會受傷的，但因為是「玩鬧」，所以很難正面生氣吧。

我工作負責的離婚案件裡，男性不當的言行中也包含這種批評外貌的例子，比比皆是。像是丈夫一有機會就會說「醜八怪」、「妳稍微減肥一下啦」等等的。

我太常看見男人明明正面臨妻子提出離婚，需要調解或是法院判決的婚姻危機卻絲毫不自省，將危機的原因歸咎於「妻子不了解自己」，指責他人，或甚至編出毫無根據的故事像是「我明明沒有任何問題妻子的心卻不在我身上……對了，一定是她有外遇對象！」不知道該說是逃避還是無法思考原因在自己身上這件事，所以非常關心男性轉向自省的契機。

聽你說了之後發現，你可能是因為以第三者的角度聽取別人的戀愛故事，跟自己的感情無關——這種適度的距離感產生了客觀看待自己的效果吧。

清田：的確是這樣。我覺得幾個人一起聽女生說的這種模式也很好。男孩子之間即使會把失敗的經驗拿來當梗，卻不太有機會將戀愛這類不太想讓同伴看到的隱密和內心暴露出來。

太田：除了你之外，桃山商事其他成員也有實際感受到類似的變化嗎？

清田：我覺得包含我在內，要是沒有進行這個活動的話，大家都不會想到性別議題。有時候，我們也會覺得那些附著在自己心中的「有害男性特質」遭到了譴責、否定，也常常反射性地想找藉口，但現在變得會暫時先和那樣的情緒拉開距離，以邏輯解讀的心情聆聽女生們的話，我覺得這也是很大的變化。

扭曲邏輯，讓自己正當化的男人

太田： 儘管這是個從非常男生的心態開始的活動，卻自然而然產生出虛心傾聽女生說話的態度，這實在很有趣，也讓我感受到希望，原來也有男人能夠這樣改變。傾聽對方說話，暫時接收後再理解，這種溝通方式若是深受「有害男性特質」綑綁的話，大概辦不到吧。

我在離婚案件中經常聽到「我和先生無法談話」、「對話本身無法成立」、「無論怎麼說都傳達不出去，已經沒救了才決定離婚」這類的話。有個詞叫做「mansplaining」，有時候我會覺得那種男人就是這樣，想成為「教導女人、主導一切」的一方，大概完全不能忍受自己站在向女人學習或是接受女人引導的立場。

清田： 我國高中時和女生完全沒有交集，現在也還是搞不太懂女人。老實說，也因為這樣，有一部分的我會將女人的話視為絕對。雖然我以前應該也下意識有過類似 mansplaining 的舉動，但在對性別議題產生興趣後，我變得極度害怕自己會有高高在上的舉止惹女人討厭……不過，我從上野千鶴子的書中知道，原來將女性神格化也是一種厭女的表現。不了解女人，不了解所以害怕，因為害怕而敵視對方或是將對方視為絕對……我可能也有這種傾向。

太田：原來如此。沒錯，因為女人不是神，跟男人一樣都是人類啊（笑）。女人不在男人之下，也不在男人之上。

清田：另外，可能跟我從小踢足球也有關係。因為運動有一部分是將能力和技術的差距變得肉眼清晰可見，輸贏也很清楚對吧？透過這樣的經驗，我體內好像安裝了一種會接受「這件事我明顯比較差」的判斷軸。

相反的，對話時很難表現出那種絕對性的差距。即使對方說的話明顯正確也不承認，忍不住說一堆藉口或是扭曲邏輯正當化自己。男人這方面的傾向尤為顯著。A片導演二村仁稱這樣的行為叫「造假自我肯定」，儘管顯然已經輸了，卻事後找藉口「當自己沒有輸」，應該很多男人平常都在做這樣的事。

舉個無聊的例子，像是在三溫暖裡默默跟身旁的人比耐力，先出去的人就輸了……這種意識在男人身上很常見。以前我和朋友去三溫暖時也有點這種較勁的氛圍，由於我是可以在三溫暖裡待很久的體質，朋友就先出去了，離開時他說：「我待膩了，出去囉。」

太田：（爆笑）

清田：他的邏輯是「我想待下去的話遊刃有餘，是因為膩了才離開」（笑）。

太田：改變競爭核心，表示「我沒輸喔」（笑）。

清田：明明不是比賽卻擅自產生競爭意識，還不停扯歪理當自己沒輸……這是男生身上很常見的故事吧？

太田：「造假自我肯定」嗎？原來如此。如果只是三溫暖忍耐大賽的話還滿好笑的，不過，「為了讓自己沒有輸而創造另一個視角的故事」，跟「輸了就輸了又沒關係」的想法是兩種極端呢。認輸會有什麼困擾嗎？自己比較弱的話有什麼可怕的嗎？不安的原因是什麼？我認為，直視自己這種不穩定的情緒是很重要的過程，但一造假自我肯定就不會面對這些，讓事情就這樣過去了。這是一種對自己的敷衍，重要時刻這麼做是很危險的一件事。

為什麼會產生言語表達能力的差距？

太田：聽你說這些，讓我再次感到言語表達的重要性。雖然我們常說男人缺乏將自己的情感化為言語的能力，但我覺得這應該不是與生俱來的差別，而是女人在歷經身為女人的經驗中，漸漸鍛鍊出用言語表達內心的能力，就像肌力訓練一樣。

清田：我也這麼認為。男女「對話的肌力」實在差太多了。同樣是戀愛故事，男生說的內容經常缺乏細節，模糊不清，不太懂當事人想要表達什麼。

太田：果然，如果有弱勢屬性就比較容易被迫將經驗化為言語吧。以我自己為例，因為我在日本出生擁有日本國籍，平常很少會意識到自己的種族。但種族弱勢的人就會有時常被迫意識到這點的經驗吧。如果我移民到國外的話，應該也會不得不一直思考這個問題，用言語表達出來。

待在日本的話，擁有日本國籍、順性別（☆1）、異性戀、身體健康……這類的男人應該很少有機會意識到自己是屬於優勢族群。最後，跟有弱勢屬性的人相比，幾乎不曾被迫需要將自己屬性的問題化為言語，重新檢視。所以一旦發生狀況，要敘述自己屬性的問題時便言語匱乏，甚至難以意識到這點吧。

清田：「將情感化為言語」是非常重要的概念，但有時候我會覺得，男生恐怕連對這件事都沒有概念……甚至好像沒意識到自己「沒有在使用言語表達」。

太田：這樣啊。如果缺乏「無法用言語表達很困擾」的經驗，或許也就不太能察覺「沒有／無法用言語表達」這件事了。

清田：《社會多數研究》（☆2）這本書裡，說明了人類將情感化為言語的機制。根據書中的說法，首先，身體會先出現某種反應，接著我們會為那個反應貼上言語的標籤。言語表達是透過這兩者順利連結來實現。所謂的身體反應，指的像是胃縮起來、呼吸急促、冒冷汗這種情況。先有身體反應，理解「這是緊張」、「這是害怕對方的身體」的脈絡後，才能將情感化為言語。這種連結需要某種程度的訓練，沒有這種習慣可能就無法感受身體的反應，或是貼了跟實際感受有異的言語標籤。例如，其實是因為恐懼而雙腳發抖，卻認定「這是亢奮的表現，我不害怕」，無法拾起內心深處的恐懼等等。男生身上應該經常會看到這種狀況。因為無法掌握自己不高興或不安的原因，一心只想著「雖然不清楚那是什麼，但快點把它除掉！」以不悅的態度或是對他人施暴這種形式展現出來。

太田：原來如此。可能是這樣，所以才容易將身邊的女生或是推特上的女性主義者當成剛好攻擊的對象。

清田：我現在在帶兩個雙胞胎嬰兒，嬰兒就是這樣，哭著訴求：「不管怎樣我就是不高興，給我除掉不高興的原因！」我想男生的反應大概很類似這種感覺吧……

太田：我很明白。你在書中說男人「對自己情感的解析度很低」，我覺得是非常準確的形容。

清田：「我不高興，都是你的錯。」這種東西不該叫言語表達吧。

太田：我在思考，即使活了四、五十年也還沒學會這個技能的男人，今後該拿他們怎麼辦……

有種行為叫「刻意省略溝通」，是家暴或是精神虐待加害者的典型行為之一。有精神虐待的先生故意拒絕和妻子溝通，並且露骨地強調自己的拒絕。先生的態度是「我沒有必要跟妳說話」。即使妻子跟他說話，先生也面無表情，裝作沒聽到。在家裡的走廊碰到時也不側身讓開，旁若無人地走在正中間，即使撞到，也表現出連撞到都沒發現的樣子。這是我真實聽到的案例。

清田：好過分……

太田：由於溝通遭到阻斷，妻子變得惴惴不安，總是想著這樣做可以嗎？那樣做先生會滿意嗎？揣測那個精神虐待丈夫的意向。結果先生覺得「妻子是依照自己的意志行動，我沒有強迫她」。可是，那位妻子的行為是精神虐待加害者刻意的行為導致的結果。

還有案例是先生連續幾個月無視妻子，妻子因為煩惱體重驟減到身旁的人都嚇一跳，但即使她不停詢問先生是哪裡出了問題，先生就是刻意不說。後來審訊時法官問先生：「你為什麼不說出來呢？」先生回答：「我希望太太能察覺到。」、「不用我說太太也能察覺到是有意義的。」

清田：不用言語解釋還想要對方察覺啊，個性糟透了……

太田：溝通這件事如果沒有把對方視為平等的存在果然就無法進行。因為如果是僕人，只要命令就好。

如何訓練用言語表達？

太田：雖然不像你剛才說的三溫暖那樣，但我家兩個兒子也經常互相較勁，真的是什麼雞毛蒜皮的事都要比。然後輸的一方就會不甘心得哇哇大哭。我就說：「什麼事情讓你不甘心，你跟媽媽解釋一下。」試圖鼓勵孩子用言語表達出來，但大概是小兒子的年齡還很缺乏詞彙的關係，他只會回我「大便！」無法對話……

清田：（笑）

太田：可是，我覺得不能先說「你現在的心情是怎樣怎樣對嗎」剝奪孩子用言語表達的機會，所以故意不點出來。我跟他說：「你不講出來媽媽不懂，試著說說看吧。」不過，我說不懂其實是騙人的，因為我身為母親一直看著他們，大概都知道他們的想法。有一次我跟大兒子說：「對不起，其實媽媽都明白，是故意沒說出來。因為自己用言語表達很重要。」結果他邊哭邊跟我說：「我知道啦，因為妳是媽媽我才賴皮。」

清田：好厲害……兒子用他的方式講出來了呢。

太田：我就想如果他能有自覺的話，現在就先這樣吧。

清田：在言語表達上，感覺女生受的訓練壓倒性地多於男性，這是為什麼呢？

太田：以我個人來說，我從青春期開始切身感覺到，有什麼煩惱或是焦慮時，將它們寫在日記裡化為文字就能整理思緒，神清氣爽。長大後，就是透過和朋友聊天之類的消除這些煩惱。我反而覺得煩悶不說出來的話不就會累積嗎？那要怎麼排解呢？

男生對「努力有收穫」的故事沒有抵抗力

清田：講到言語表達我想起一件事。高中的時候，我跟三個朋友談了類似戀愛的話題說：「我打算向喜歡的女生告白。」如果對某人有好感的話，就和對方聊天找出共通點，縮短兩人的距離才是合理的過程，但那時候的我們不知道在想什麼，就說：「那就跑步吧！」

太田：啊？（笑）

清田：類似「接下來衝刺十趟的話一定可以交往！」的感覺（笑）。這種事在男生的世界很常見喔。像是「社團參加全國體育大賽的話，就跟那個女生告白」之類的。

太田：啊啊，原來如此。

清田：對於想跟喜歡的人變親近的欲望，不是透過對話建立關係或是合理思考什麼是縮短距離必需的東西，而是「只要我努力熬過某種試煉，戀愛就會成功」，這種想法是怎麼回事呢……等於是擅自設立一個和戀愛毫不相干的目標，再全心投入達成目標。老實說，我們當時跑步衝刺後也覺得心情好像變好了。

太田：真的有人會這樣耶。把愛情當作努力後的戰利品或獎勵。高中生還可以用「年紀小」來帶過，但如果沒有成長的話，我覺得把戀愛和結婚視為某種獎勵的成年男性也不少。英文有個詞叫「花瓶妻」，trophy wife，意思是沒有把配偶或是女朋友視為對等的伴侶，而是自己成功的附屬品。這種人會跟他人炫耀自己的伴侶，乍看之下會覺得他很愛對方，但其實並不珍惜對方。

清田：有些人很強烈地認為，努力工作等於守護家庭，所以當妻子向他們抱怨家事或育兒的事情時就會產生被害者意識，覺得「我在公司都已經這麼辛苦了，妳還不滿意！」身為家庭的一分子，一起經營家庭與工作上的努力是兩回事，但不知為何卻連在一起。調解離婚案件時，感覺很多先生會有這種想法吧？

太田：很多。做為即使工作消耗身心也咬牙忍耐、努力上班的代價，丈夫便期許妻子應該尊敬自己、療癒自己，為期待無法實現感到憤怒。可是，妻子自己也疲於工作、家事或育兒，無法總是擔任療癒的角色。

清田：我現在雖然這樣說，但我當重考生時完全就是這種心態。我跟當時交往的女友幾乎沒怎麼見面，一整年埋頭苦讀，等終於考上目標的學校後便得意洋洋地打電話向對方報告。結果女友的回應卻很淡，說了「太好了，恭喜你」之類的話。我心想「就這樣⁉」超級火大的。

太田：你想說「我都這麼努力了」。

清田：我忍不住瞬間變臉……仔細想想，我準備重考時幾乎沒跟女友見面，她並不知道我有多辛苦，我卻擅自認定她應該會懂我的心情。

桃山商事也聽過類似的故事。先生忙於工作，回家也都不說話，不和太太聊天。當先生好不容易跨越工作的忙碌期跟太太報告「終於結束了」時，由於先生並沒有和太太分享辛苦的過程，太太只能說：「這樣啊，辛苦了。」結果先生就抓狂了，覺得「我這麼辛苦，妳那是什麼態度！」

太田：很常有這種事呢。

清田：重考時的我也是一模一樣的構圖。努力準備大考↓考試合格↓和女友感情升溫——擅自在腦海中描繪出這種謎樣的關係式（笑）。然後因為考過了自顧自地興奮，覺得也會獲得女友的稱讚。

太田：覺得「讓妳久等了，妳很寂寞吧⋯⋯」這樣（笑）。

清田：就是那樣（笑）。我當時渾然不覺自己擅自將兩個不一樣的問題連在一起。

「男孩子幻想」的固定模式？

太田：這種戰勝「外部」某種競爭，「內部」充實的戀愛元素便會如獎賞般隨之而來的公式，或許是男孩子幻想故事裡的一種固定模式吧。刻苦修行，戰勝敵人、取得社會性的成功，緊接著戀愛的成功也會自動送上門這種。

清田：的確是這樣。比起內心或是人與人之間的關係，最重要的是戰鬥勝利。除了漫畫，運動比賽勝利的選手說「這都是我太太支持的功勞」也是固定臺詞，競爭成功和家庭圓滿不知為何變成了一個套組。「努力達成目標的自己在異性關係上應該也會獲得回報」，之所以擅自在心中編寫這種故事或許是漫畫和連續劇打下的基礎吧。畢竟我小學時非常流行看完全展現這種劇本的《七龍珠》和《灌籃高手》⋯⋯

太田：有些人會下意識模仿這種奮鬥成功的故事，有所期待吧。雖然不是不能期待，但如果不要將期待落空時「奇怪？我明明這麼成功卻交不到女朋友，怎麼不一樣？」的這種想法連結到對女性隱隱約約的反彈就好了。努力後達到社會性成功是很棒的一件事，現實中也可能跟覺得努力與社會性成功很有魅力的美好女性締結緣分。但仔細想想，我好像沒有什麼印象有少女漫畫灌輸我「女生獲得社會性成功後也會一併得到好男人的緣分」這種觀念。關於社會性成功和戀愛成功的連結，男女從社會上接收到什麼樣的故事和訊息果然有性別差異。

我兒子經常看漫畫，我想既然要看，那我就積極地挑選擺在家裡，希望他看些優良漫畫。家裡

雖然有少年漫畫雜誌的連載作品，但他也很常看少女漫畫，最喜歡田村由美的的作品。你也會看少女漫畫嗎？

清田：我小時候沒有迷上少年JUMP式的世界觀而是看了少女漫畫。住在隔壁一起長大的姊姊好像想幫我洗腦（笑），這點影響也很大。我超愛吉田秋生的《BANANA FISH》，她刻劃了不光只有堅強的男人的魅力和他們之間的友情，新作《海街diary》也一樣有很豐富的內心描寫。

太田：這樣啊。我認識的男生也有人以前很常看少女漫畫，現在長大了也非常理解性別議題，我想兩者應該有些關係。《BANANA FISH》還有描寫主角亞休遭遇的性侵害，以及基於這個過去對女生遭受性侵害的洞察力。《海街diary》也描繪了喜歡足球的活潑女孩和喜歡女孩這點的男孩，有各種很棒的元素呢。對了，我也跟我兒子推薦這部吧（笑）。

清田：另外，我也非常喜歡《櫻桃小丸子》等櫻桃子的作品，故事裡登場的男生或是成年男子大家都有種不討厭的無用感，不是高高在上的樣子。還有，故事裡的角色都遵從自己的欲望任性生活，這點很棒對吧？

太田：帶著愛意描繪男性的軟弱和無用這點真的很棒。如果少年漫畫也能增加更多有魅力的角色，讓男人覺得從男性特質解放是很自由美好的一件事、成為他們的楷模就好了。

如何化解「喪男」意識的痛苦？

太田：說到「男人的軟弱」，網路上有「魯蛇」和「喪男」之類的用語對吧？因為兩者都是對男性的貶稱，本來就不該使用，所以我這邊全都會加上引號。「『魯蛇』比女人更辛苦」、「女性主義無視『魯蛇』嗎？」、「『魯蛇』同志們要互相幫助」——我發現，社群網路上定期都會看到這類話題，覺得自己是當事者的人似乎並不少呢。

我之所以會在意這種自認是「魯蛇」或「喪男」的意識，也是因為看到近來網路上針對女性的激烈攻擊也開始成為社會問題，推測那種意識或許是背後其中一個原因。擔心男性一旦深陷、糾結於這種「魯蛇」、「喪男」意識，有些人是不是也會跟「incel」一樣，以對女性投以敵意和暴力的形式外顯出來。桃山商事的活動中有沒有什麼幫助這類男性的線索呢？你怎麼看待這件事呢？

清田：男性的「喪男」意識是個很棘手的問題。不只是沒有戀愛機會，其他像是喜歡的人不願意看自己、自己比預期中更不受歡迎等等的人也都會有這種意識。其實，我高中的時候也領悟到自己不受女孩子歡迎，有種大腦裡安裝了「喪男」意識的感覺，但另一方面，我也曾被朋友念說「交過女朋友的傢伙沒資格說自己是『喪男』」……老實說，我不太清楚該怎麼思考才對。

不過我覺得，有一定數量的男人內心的確將「身為異性不被女人承認」、「女人不願意接受自己」視為攸關自我認同的嚴重問題，我也曾受這樣的想法所苦。而就像加藤智大說「我沒有女朋友，因為這件事人生毀了」之後犯下秋葉原街頭隨機殺人案一樣，這種意識也可能以非常極端的形式爆發……所以，我認為這是個需要仔細小心議論的問題。

太田：我雖然想說那些為「喪男」意識所苦的人，其實大概是受到男性特質的折磨，只要以從男性特質解放為目標，一定會變得更幸福！但感覺由我這種口中說著女性主義的女人點出來很容易遭到反彈，像是觸碰到他們的自尊（不知道可不可以用這個詞）或是某種靈魂中非常敏感脆弱的地方。我也曾想過，這些話是不是由同性來說比較有力，但好像也不是那麼單純。

不過，我最近面對這樣的男性也幾乎是用母親的角度看待（笑），因為覺得包含自己的孩子在內，任何一個男生今後都有可能像那樣痛苦，不禁認真思考該如何才能幫有「喪男」意識的人解毒？為了讓所有男人都不要掉落那痛苦的陷阱，我們需要什麼？

清田：是啊……我認為性別平等教育是必須的，也有聲音認為男性之間互相關懷很重要。此外，也有人建議要學習技巧再去談個戀愛；極端一點的，還有建議用搭訕來自我啟發的書籍。不過，每個人的狀況和環境應該都各不相同，實在不容易。

我自己的狀況是大學時有段其間接二連三失戀，心想「反正我就是不受女生歡迎的男生！」自暴自棄。當時療癒我的是某個地下偶像團體，我也很迷其中一名成員擔任配音的戀愛模擬遊戲。對當時的我而言，那個遊戲是個非常舒服的幻想故事，任君挑選的可愛女孩們莫名喜歡上平凡無奇的自己……真是太棒了，記得我當時還激動地跟朋友說：「我已經不需要什麼女朋友了！」

太田：（笑）。戀愛遊戲好像都有這種既定公式對吧？「毫不起眼的自己面前出現非常棒的異性，喜歡自己的那個樣子」。

清田：雖然將喜歡動畫和遊戲的男生跟「喪男」畫上等號過於粗暴，但另一方面舉個例子來說，網路上常有動畫女性角色代言的廣告被批評「過度性暗示」而引發撻伐的事件吧？那些留言中常會看到敵視、攻擊女性主義女生的男生帳號，他們雖然生氣，卻給人一種不斷湧出大腦神經傳導物質的感覺。女性一扯著他們不放，反駁他們，他們就越興奮……

太田：我只要在推特寫到關於性別歧視，尤其是批判公共空間中歧視女性的象徵內容常常就會引起爭議，收到大量攻擊性的回應。不只在網路社群，那些人有時也會打突電（☆3）到事務所，或是寄匿名信件、在法律諮商專用的公開留言信箱留言騷擾。

清田：真、真的假的……

太田：其實，我今天早上也接到了那種電話。對方透過話筒劈頭就不停反覆猥褻的用詞，出聲大叫，喊著莫名其妙的內容然後掛掉電話。

清田：咦咦咦！

太田：從反覆遭到這類攻擊的經驗中我發現，這些人感覺就像失去了理智，或是的確如你說的那樣處於亢奮狀態。同時，我也覺得這或許是某種恐懼的表現。我曾聽過一個心理學用語，「憤怒是次級情緒」，意思是人在憤怒之前還有某種更根本的情緒。那些憤怒背後給我的感覺可能是恐懼。這些人擅自將遭受某種東西威脅、會被奪走某樣事物的恐懼源頭，投射到我這樣的對象身上，再攻擊性地衝撞過來。明明我並沒有強大的權力啊……

清田：之前，我針對某個動畫角色的爭議事件寫了文章，結果收到訊息說：「我不會屈服女權主義的迫害喔！」但迫害這個詞，基本上是用在「多數對少數的壓抑、排擠」不是嗎？從具有高度公共性的廣告採用該名角色的那一刻起，角色的作品以及粉絲應該就站在優勢了……我想，他們大概是意識上覺得自己是弱勢，甚至懷有類似陰謀論的觀點，覺得「女權主義正在摧毀一切」。

太田：意識上大概是弱勢這一點我深有同感。把自己放在受害者的立場，與承認自己加害和歧視的性質是兩個極端。我是《DAYS JAPAN》案的檢證委員之一，我在檢證報告書中也指出，廣河隆一明明是那種過分騷擾、性暴力的加害者，卻有強烈的被害者意識。我想，這與他的政治傾向完全無關，而是在另一個面向罹患一種類似叫「男性特質」的病吧。我在離婚案件裡碰到的家暴者也經常擁有十分強烈的被害者意識，像是「她跟我挑釁逼我打她，把我捏造成會家暴的人」之類的……另一方面，受害者則是十分自責痛苦。

即使有罪惡感也不要沉默

清田：每次當性侵案、色狼出沒、性別歧視的廣告或男性名人的外遇新聞等一引發討論，男人的偏見和性別歧視意識就會被點出來對吧？這種時候該說是袒護自己人嗎，經常會看到男人幫加害人說話的意見。這個現象在網路留言板或是電視男名嘴身上也很顯著。每當那種時候，該怎麼說呢……我都會有種「互相綁架對方老二的男人團結一致」的感覺。

太田：（笑）

清田：如果對女性發出的批判表示贊同，就會被批評：「你有資格說別人嗎？」之類的。

太田：會耶。即使是理解、贊同女性聲音的男人，感覺也會因為馬上預想到這一類男人的批評，變得難以說出贊同女性的意見而放棄。

清田：的確，多數男人可能都看過成人內容，利用過聲色場所的人應該也不少。更遑論一開始就沒有性別歧視偏見的人，根本是稀有動物。所以，看到這些事情即使有某種「罪惡感」也不奇怪，我心裡超多這類愧疚感的。我認為，像是要求遇到色狼的女生保護自己、性別歧視的電視廣告遭到撻伐時哀怨「連這個都不行的話，以後就什麼都不能說了」，背後都存在著這種罪惡感。

這恐怕也是言語表達的問題。因為沒有將內心隱隱約約的罪惡感、不協調這類「討厭的感覺」說出來，所以反射性地抗拒、委婉地袒護加害方的男人，害怕批判回到自己身上而避開討論。如果能不用這樣，而是合理思考「我身上的確也有那一部分存在，但一碼歸一碼，我認為眼前的這個問題很糟糕」就好了。

太田：像是「都是吵死人的女性主義者害的」，或是「推特上女性主義者說的內容跟原本的女性主義不一樣」等等，儘管這些都非常表面也不是問題的本質，他們卻會選擇投入對自己而言「好懂」、「好接受」的故事懷抱。

上野千鶴子說過，「人類無法形容原本不知道詞彙的事物。我們女性主義者一路以來在做的事就是命名，跟大家說『這個叫性騷擾』、『那個叫家暴』」（☆4）。我期待，男性學帶來的言語表達力量，或許也能拯救男人自己。因為，有不少男人在現代社會裡都已瀕臨喘不過氣的極限。

「自由主義國語」的必要性

清田：雖然這樣說有點會變成從頭討論，但我覺得「國語」應該是個很大的問題。這是我在早稻田大學一起做自主專題研究的恩師觀點，我拿來現學現賣。那位老師研究的是莎士比亞等英美戲劇，處理的「近代」問題相當廣泛。

他說，「社會（society）」、「個人（individual）」和「自由（liberty）」這類近代概念，是明治時期由歐洲引進日本的，由於日本原先並不存在這種觀念，當時的知識分子對於要如何翻譯這些詞彙做了許多討論。之後過了一百多年，這類詞彙已經變成普通的日文在生活中流通，但說到人們是否正確理解這些詞彙根本的意思就有點存疑了。舉個例子，英文individual的意思是「無法再分割的最小社會單位（in-divide）」，我們雖然會說「個人」，但並沒有包含英文這樣的語意吧？「自由」這個詞也是，直到江戶時代，「自由」一直代表了更加否定、任性的含意。

同樣的，即使口中說「人權」、「平等」、「關係」，但其實大多數日本人並沒有準確理解這些詞彙真正的意思吧。

太田：「歧視」這個詞也是。因為彼此沒有擁有共同的定義，就會陷入「那不是歧視」，或是反過來說，這是「男性歧視」等雞同鴨講的討論。

清田：自由主義論點使用的詞彙尤其有這種傾向（話說回來，大家也是以一種模稜兩可的理解在使用「自由主義」這個詞……）。沒有共同的詞彙定義就無法討論，從這個角度一想便覺得，國語的問題真的十分重要。

太田：我懂。我在憲法咖啡這些地方說話時，也盡量努力用平易近人的詞彙去表達。

清田：我自己也支持自由主義的觀點，很常輕巧地使用這類詞彙，但果然很容易讓人覺得那是唱高調、遠離生活的漂亮話。我在外國電視節目中看到高中生認真嚴肅談論政治的樣子感到好佩服。對他們而言，應該覺得談論中使用的詞彙和日常生活中的詞彙是連貫的。

雖然現任政府極力想修憲，但我認為現行的日本憲法其實寫了許多重要的內容，只不過，由於使用的詞彙基本上是歐系語言的翻譯，有些部分很難讓所有人都明白。即使像是「基本人權」、「兩性平等」這些歐美人民花了幾百年流血得到的概念，我們也很難對那些歷史有切身的感受。在這樣的基礎上，如果我們有更廣泛的機會能重新學習「自由主義國語」這樣的內容就好了。

這也是我跟老師現學現賣的……日本人花了七十五年，現在還處於將日本憲法中寫的內容一點一滴吸收進體內的階段。雖然話題內容好像拉得太大了，但希望大家能穿梭在語言、自我、性別還有社會這些各式各樣不同的層面，思考男性特質的問題。

☆1 順性別：出生時根據身體特徵而被指定的性別與自我認為的心理性別一致。跨性別的反義。

☆2 綾屋紗月編著（二〇一八）。社會多數研究——溝通學的共同創造（ソーシャル・マジョリティ研究——コミュニケーション学の共同創造，暫譯）。金子書房。

☆3 突電：「突襲電話」的簡稱，多指匿名具攻擊言論的電話。

☆4 上野千鶴子、田房永子（二〇二〇）。上野老師，請從頭教我女性主義！（上野先生、フェミニズムについてゼロから教えてください！，暫譯）。大和書房。

第三章
性行為前希望男孩了解的事

人只要一到青春期，雖說存在個人差異，但不論男生女生都會開始出現性行為。此時，若資訊來源只有性方面錯誤的都市傳說或帶有偏見的成人內容的話，孩子便有可能採取對自己或他人帶來危險的性行為。對父母而言，無論孩子是男是女，這種危險性都是切身的問題。

在我十八年的律師生涯中，大約接過四次關於國中女生懷孕的諮詢。如同我下文會提到，日本學校教育中的性教育十分不完全。因此，孩童對於尊重自己和他人身體的重要性、性行為及其做為交流的意義、性行為同時也會成為攻擊手段，以及具體的避孕方法等應該注意的事都一無所知，並在這樣的狀態下突然接收社會上五花八門的性資訊。

根據朝日新聞的問卷調查，九成的日本人在國中前就知道「做愛（性交）」的意義，但回答資訊來自朋友、媒體等學校以外來源的人有九十三・六%（參照圖一）。朋友和媒體的資訊模糊不清且極有可能不正確。若能接受適當的性教育，便有可能避免青少女懷孕與墮胎的問題，這件事令人心痛不已。

我認為，學校教育應該從人權教育的觀點充實適當的性教育，但在學校沒有這種性教育的現狀下，父母極需要將最起碼的觀念傳達給男孩們。即使直接傳達不容易，也有各式各樣的方法，像是推薦孩子書籍或是漫畫等等。

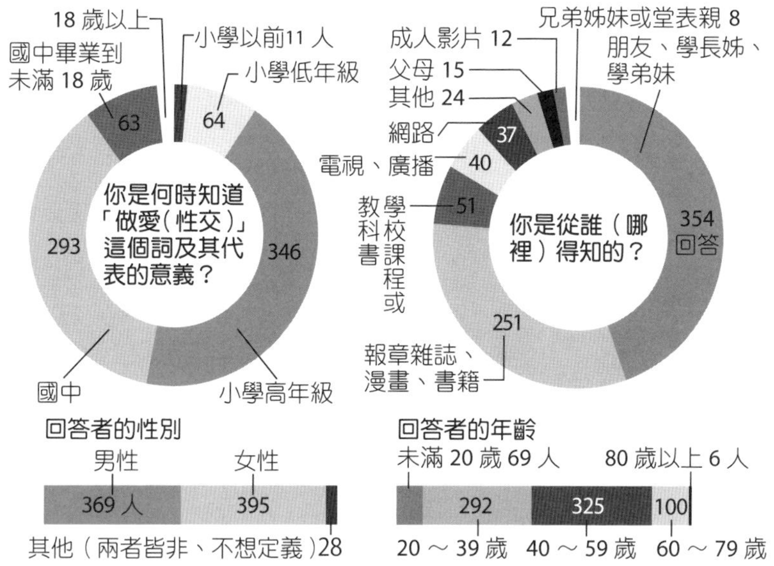

資料來源：性教育，要到哪一步（2）因應之道（2018 年 5 月 14 日）。朝日新聞早報。2018 年 4 月 25 日～ 5 月 8 日調查，總計 792 人回答

圖一　朝日電子新聞進行的問卷調查結果

本章，我將試著書寫我認為男孩在進入青春期、開始有性行為前最起碼該理解的事。

日本小孩也要「全面性教育」

「全面性教育」這個詞雖然在日本不常見到，但國際間從一九九〇年代起便在使用。這是一個性教育理念，不將「性（sexuality）」局限在性行為與生產，而是視其為一種人權相關的廣泛議題，包含了與他人關係等人

類心理、社會、文化層面，並認為這種教育應該以所有小孩為施行對象。二〇〇九年聯合國教科文組織（UNESCO）發表的「國際性教育技術指導綱要」即以全面性教育的理念為基礎，具體列舉孩童成長各階段應該實施的性教育內容。

這份指導綱要的首要目的是尊重性的多樣性，「讓小孩與年輕人擁有性和社會雙方面的知識、技術與價值觀，得以做出負責的判斷和選擇」。指導綱要將五至十八歲分為四階段，根據主題標示各年齡層的學習目標。以「生殖」為例，在五到八歲的階段「解釋嬰兒從何處而來」，九到十二歲確認透過性交懷孕的機制以及基本的避孕方法等等（圖二）。

許多國家參照這份指導綱要，從小孩幼兒期施行全面性教育。像是芬蘭，孩童在小學低年級就會學習「陰莖」、「陰道」等用語和其功能，八年級（十四歲）了解避孕的重要性和方法，大人在此基礎上教導他們能夠採取負責任的性行為。另外，教科書上也有關於性快感的記述，像是「陰蒂是對刺激特別敏感的部位，類似男性的勃起組織」等等。

法國則是在自然科學課上教導性的多樣性與性快感的一面。教材上具體記載避孕方法，解釋女用保險套並有忘記吃避孕藥時的應對之道。

不只歐美國家，鄰近的韓國也很重視可能遭遇性暴力時的應對和遇害時的諮詢單位等，從性暴力中保護自己的資訊。

然而，日本無論小學、國中、高中的課程綱要中，都沒有具體處理「性交」的課題。國中的保健體育課雖然有提及生殖，課程綱要卻說「教導內容至受精、懷孕為止，不得提及懷孕經過」。寫得拐彎抹角，簡單來說就是規定不能提到「性交」（所謂的「煞車規定」）。

Level 1（5～8歲）　解釋嬰兒從何處而來

- 精子與卵子結合後創造出嬰兒
- 嬰兒形成有排卵、受精、著床、懷孕、分娩等多個階段

Level 2（9～12歲）　解釋如何懷孕、能否避免懷孕
確認避孕方法

- 沒有防護的性行為可能導致懷孕或感染HIV等性傳染病
- 每次性行為正確使用保險套或避孕工具就能預防意外懷孕和性病
- 低齡結婚、懷孕、生產有健康風險
- HIV陽性的女性也能健康懷孕，並有方法降低嬰兒垂直傳染的風險

Level 3（12～15歲）　說明懷孕的徵兆、胎兒的發展與分娩階段

- 懷孕有徵兆和症狀，可以透過檢查判定
- 孕期中營養不良、抽菸、飲酒、使用藥物會對胎兒發展帶來風險

Level 4（15～18歲）　區分生殖／性功能和性欲的差別

- 與伴侶的性關係永遠需要雙方的同意
- 事前必須思考如何預防意外懷孕和性病
- 並非所有人都有生育能力。不孕問題有應對方法

資料來源：東京新聞早報（2018年4月7日）。

圖二　聯合國教科文組織「國際性教育技術指導綱要」範例（生殖部分）

在不觸及性交的概念下教導生殖和懷孕，我完全無法想像這種宛如特技般的教學要怎麼進行，但日本國民教育一直以來都是如此。不過，藉由學校和老師的巧思，還是有可能教導國中生性交、避孕和墮胎的相關知識，許多用心的老師很努力克服這些限制。然而，這僅止於部分的自發性教學，國民教育中並沒有全面性教育的位置。

性教育一直被視為禁忌的原因

為什麼會這樣呢？九〇年代，日本也曾有過一段性教育風潮時期。然而，一群沒有正確理解性教育意義並敵視性教育的人們，基於這種不理解提出抨擊（反動），許多實施性教育的老師因此遭到攻擊，社會上也產生一股無法正面實施性教育的氛圍。

最具代表性的，便是二〇〇三年東京都日野市都立七生養護學校（現都立七生特別支援學校）向身心障礙兒童提供性教育課程，遭多名議員與媒體攻擊，說「課程內容近乎色情」，課程被迫中止（此一事件上訴到最高法院，最後判定議員介入屬不當行為）。從此以後，日本的性教育便一直大幅落後其他各國。

最近的例子是二〇一八年三月，東京都議會文教委員會中當年認為七生養護學校的性教育有問題的同一位議員，提出足立區某國中教導學生性交、避孕、人工墮胎是「不適當」的教學。面對議員的質詢，都教育委員回答，此為「不符合國中生發展階段的課程」、是「有問題的教學」。本次事件差點與七生養護學校一樣，讓政治勢力以相同手法不當介入教育第一線，但高漲的擔憂與批判的輿論令都教育委員之後表明「不該否定足立區的國中」、「處理方式希望不要讓第一線的老師退縮」，制止了政治的不當介入。然而現實是，在推進性教育的路上，必須時常和這種不理解的攻擊奮戰。

為了讓孩子重視自己的「性」，教導他們性快感、具體的避孕方式和從性暴力中保護自己的方法——跟這樣的國家相比，不得不說日本學校的性教育實在過於落後。日本的學校應該也要從義務教育階段便實施基於國際水準的全面性教育。這個期望什麼時候能實現呢？在我兩個孩子的求學階段是不是不可能了呢……我感到很不安。

本書對談來賓的清田隆之說，自己國一第一次夢遺時「因為害怕，把內褲拿到附近的公園丟掉」（☆1）。若沒有完善的性教育，男孩可能也會對自己身體的變化感到不安與畏怯，一想到這，就令人心疼。

本來，全面性教育就不只是學校的責任，也應該是父母育兒的一環（德國性教育的特色是，將性教育定為父母的義務）。我認為，在學校性教育不足的現況下，家庭更必須運用兒童繪本或漫畫等工具教導孩子相關的知識與觀念。

觀看色情內容時需要察覺的事

如前所述，本來理想的狀況是日本的孩童也能接受國際水準的全面性教育，遺憾的是，現行狀況並非如此。因此，孩子們變成透過媒體和朋友之間的流傳獲得相關的性知識。尤其是青春期的男孩，對他們而言，最一般的性資訊入口果然還是A片、漫畫、遊戲等成人內容。現在從網路上觀看影片和漫畫也很常見吧。孩子到了青春期，大概就會萌生想看A片等色情、成人內容的心情，對這些有興趣也是很自然的一件事。

然而，這些預期以男性為觀眾的成人內容所刻劃的性行為，可說是「男人的幻想」，其中也有毫不顧慮女性身心的內容，如果依樣畫葫蘆，輕易模仿的話，可能會傷害女性的身心，我希望男孩們能早點知道這件事。像是朝女性的臉射精，也就是所謂的「顏射」以及將手指放入陰道劇烈抽動的行為等都是。

最近，或許是意識到這類批判，部分A片製作公司也有了主動推廣「不要把A片當教科書」的跡象。

二〇一八年中央大學的校慶上，學生主辦了名為「反對把A片當教科書！」的活動，分別邀請了三名AV男女優、A片製作公司老闆和婦產科醫生開講，約有一千人參與，盛況空前。以下節錄作家小川玉夏的部分報導：

> 舞臺上的講者再三表示「A片是虛構的」、「A片是幻想」。因為是專業人士製作的虛構作品，不能在現實生活的性行為上依樣畫葫蘆。具體的例子像是作品中經常登場的體內射精。講者說，影片只是看起來像那樣，男優其實在鏡頭外戴了保險套。(☆2)

受邀的AV男優也說，「能默默戴保險套的男人比開高級車的男人更帥」、「說戴保險套不舒服就是無法真正做愛的證據」。

此外，對於「將手指插入女性性器官，使其分泌液體」(所謂的「潮吹」)的行為，所有講者都強調「請勿模仿」。因為，並非所有女性都會像片子裡描繪的那樣得到快感，呼籲「只要看A片那樣就好」。

我想，大概有許多女性都是潮吹的「受害者」。實際上，看A片「學習」的人應該為數不少，然而，這種行為真的很痛。男人或許是想讓對方舒服或是認為「做愛就是這樣」，女人卻覺得「雖然很痛，但講出來很尷尬……」雙方的感受似乎經常有這樣的落差。

網路上，打造成色情風格的偷拍照片、影片也很氾濫。雖然偷拍是明顯的犯罪行為，但也因為容易得逞似乎讓人沒有強烈的犯罪意識。遭偷拍的一方精神上會受到很大的打擊，一旦畫面在網路上流傳，即使刪除原始檔案也可能半永久地留在網路上的某個地方。我希望大家明白，明知那是偷拍影片、照片而觀看是助長犯罪的行為。

關於購買色情內容這部分，其製作過程有時會侵害人權也是一個嚴重的問題。近年來，有不少受害者是遭到「挖掘模特兒」的說法矇騙或是受到威脅，違反本意被迫拍攝A片，造成了巨大的社會問題。儘管製作業界似乎也注意到了這個問題，致力改善，但成果仍是未知數。

我希望，消費者購買色情內容產品時能對製作過程保有這種意識，想想自己是否不小心購買了某人的傷痛。

細膩刻劃交流的女性向A片

前文提到在中央大學活動中受邀的其中一名AV男優鈴木一徹，在別的訪談中（☆3）這麼說過：

「男性向（A片）中『讓女人高潮』的幻想情境很強烈，尤其是很多人也想在現實中嘗試的『潮吹』從視覺上就能理解，加上類似男人的射精，所以男人很容易有共鳴。是滿足男人『我讓這個人高潮了，我得到她了』控制欲的幻想故事。無論好壞，『潮吹』都是A片界劃時代的發明，但工作現場大部分的女優都對此感到很痛苦，看了都覺得她們很可憐。」

「（男性向A片）會快速跳過做愛前的過程，最具代表性的，應該就是有個很受歡迎的系列叫《見面三秒就合體》吧。」

「在我演出的女性向A片中，這個過程（做愛前的故事）才是最重要的。女性向重視的是女性希望有人『愛自己』、『珍惜自己』的心情。仔細刻劃了兩人是如何相遇、墜入情網。」

鈴木一徹出演的女性向A片品牌「SILK LABO」，就是因為發現看了男性向A片的男人「會對女人做出錯誤的性行為」而開始製作的，所有工作人員都是女性。和男性向A片一樣，女性向A片也是在描繪幻想故事，但理解女性向和男性向幻想的差異，應該可以成為識讀A片的參考吧。

知名的女性主義情色先驅，瑞典導演艾莉卡・拉斯特（Erika Lust）說過，「許多主流色情片的作品刻劃的是男人控制女人的關係，但日常生活中性有更加豐富多元的形式，我想將它們呈現出來」、「我想描繪的不只是怎麼做愛，也想描繪人們在性愛的過程中有什麼感受、如何交流」（☆4）。

雖然每個人的性嗜好與對幻想故事的需求都不一樣，無法一概而論，但大多數女性對性愛追求的，應該是超越和對方肉體歡愉的雙向交流與安心感。如同鈴木一徹所說，女性向A片之所以會仔細刻劃兩人的關係應該就是這個原因吧。

另一方面，關於他指出男性向A片是滿足男人「控制欲」的幻想故事，以及省略了做愛前的溝通交流這點，令我十分介意。儘管我沒有覺得連把這樣的內容當成幻想故事來享受都不行，但男人應該要有自覺，自己樂在其中的幻想故事內容是「一廂情願沒有交流，也就是利用女人身體來滿足男人控制欲的東西」。明明實際上看的是無視女人主體性和意願的性暴力場面，卻是否帶著享受性愛場景的心情呢？有多少男人在觀看A片時有自覺「自己現在正在享受暴力場面」呢？

儘管AV業界真的有一部分的人在推廣「不要把A片當教科書」，但這些訊息卻還沒傳達到世間的男人身上。尤其是年輕的男孩們，在缺乏現實性經驗和資訊識讀能力的情況下接觸成人內容時能了解到什麼地步？著實令人不安。我甚至認真覺得，如果A片畫面的角落能一直有一行字幕表示「此為幻想故事情節，請勿模仿」就好了。

但願，未來的男孩們能擁有批判性識讀男性向成人內容的能力。毫無疑問，這樣做實際上更能吸引女人的好感。

避孕措施無論如何都不能省

利用A片學習性愛造成的另一個問題是，淡薄的避孕意識。如前所述，男性向A片不會有穿戴保險套的畫面。甚至還有「中出」、「不戴套」、「讓她懷孕」這種煽動的字眼，將不避孕的性行為和讓女性懷孕連結性快感的內容（相反的，根據鈴木一徹的說法，女性向A片一定會有戴保險套的畫面）。

一想到對沒有正確學習具體避孕方式以及墮胎知識的年輕男性而言，這種內容傳達了什麼樣的訊息就令人心情沉重。

在未成年或未婚狀態下帶著可能會懷孕的憂心做愛，對女人而言應該並不愉悅。女性在學生時期懷孕有可能不得不退學，即使已經在工作也會無法繼續下去或是延遲升遷，人生藍圖被迫面臨重大改變。在下次經期來臨前的這段期間，女人一直處於這樣的不安中，唯有男人得到快感。這點不但完全不公平也是一廂情願，沒有達到溝通與交流。

因此，我希望青春期的男孩們在發生性經驗前能明白，「不避孕的性愛是一種對女人的暴力」，銘刻在心。

女方這邊也可能因為對自己身體和懷孕機制的知識不完全，或是擔心對方不開心，想藉由取悅對方來維繫情感等心情，無法說出「希望避孕」或是說「不避孕也沒關係」。但即使女生說「不避孕也沒關係」，只要男方沒有預想過萬一那個女生懷孕生下孩子，兩人要一起撫育小孩的關係、經濟能力等問題，也絕對、必須戴保險套避孕。

我在工作上接過好幾次法律諮詢，委託人因為「女生說今天是安全期」性行為時沒有避孕，之後該名女性聯絡委託人說懷孕了，問我怎麼辦。就算問我怎麼辦，但既然已經懷孕，就沒有怎麼辦了。若女方決定「生」，便應予以尊重。認領的話，身為孩子的父親就必須履行扶養義務（支付扶養費）。若女方決定墮胎，也只能尊重她的選擇。雖然每個人情況不同，但包含墮胎產生的費用在內，支付一定程度的金錢應該才是具有誠意與良知的應對。

懷孕生子無論如何都只會對女人的身體產生莫大的負擔，但對男人而言，讓誰懷孕也是人生中的一件大事。請一定要有自覺，不避孕的性愛就是得自己背負這些風險的行為。話說回來，就避孕方式來說，光靠保險套並不完善，有三％至十四％的失敗率。因此，保險套和其他避孕工具並用是最理想的（不過，保險套也有預防性病的意義在）。

其實，從全球的角度來看，日本的避孕選項十分有限，一般普及的避孕方法幾乎只有保險套。女性雖然也有口服避孕藥這個選項，但普及率只達四％。

網站「**為什麼沒有**（なんでないの）」（www.nandenaino.com）是於瑞典研究所主修公共衛生的福田和子所成立的企劃，從網頁上的說明可以得知，世上還有避孕貼片、避孕針等許多女性可以自己主導的避孕方法，但日本人的選項卻十分有限。儘管這個狀況本身就是個大問題，但既然現狀如此，想避孕的話，最重要的便是至少男人要確實戴好保險套。

保險套可在便利商店或藥局購買，保險套的正確使用方式可以參考非營利組織「PILCON」製作的影片（☆5）。

唯有懷孕，負擔無論如何都會只偏向女性，產生一個無奈、不公平的結果。

我希望各位男孩好好理解這件事，採取負責任的性行為。若沒有這個自信，感到有些不安的話，那就是年齡還太早，不足以擁有性愛關係。

理解「同意發生性關係」的意義

不只是避孕，男人也必須認識到，在對方不期望、沒有表明「YES」下的性行為就是性侵。雖然我覺得學校應該好好花時間教孩子「同意發生性關係是什麼意思」，但由於現實距離理想非常遙遠，這個觀念果然還是需要由大人以某種形式向男孩們傳達。

近年，幫助年輕世代理解「同意發生性關係是什麼意思」的推廣活動，如雨後春筍般地出現。像是關西一群志同道合的大學生和京都市性別平等推廣協會，製作了一款手冊「GENDER HAND BOOK 你必須知道的事。重要無比的性同意」（☆6）。手冊裡有個檢查表「性同意是什麼意思？」像是：

□check 1 兩人單獨約會就是以會發生性行為為前提

□check 2 接吻的話就可以有性行為

□check 3 即使對方說不要，但因為「不要也是喜歡的一種」，所以可以有性行為

手冊裡說明，列舉項目中「只要有一項符合，就是沒有取得『性同意』」。性接觸時，每一次、每一回都必須取得對方的同意，因此仔細的溝通非常重要。但願這個觀念能成為社會上今後的常識。話雖如此，遺憾的是，也常有許多大人沒有這種意識，最後發展成對伴侶性侵（家庭性暴力）的例子在離婚案件中所在多有。反覆的家庭性暴力也可能會毀壞對方的身心。

在能說出「討厭的話就跟我說」之前不發生性關係

如果「沒有獲得同意的性行為不能做」，那麼要如何才能確認對方的意願呢？我認為，基本果然還是要透過言語好好溝通。前文介紹的京都市性別平等推廣協會手冊裡，針對「取得性同意的方法」和「拒絕性行為的方法」分別提供了具體的範例，也非常簡單明瞭。

話雖如此，大概有男人會想說，直接用言語確認意願實在太難為情了，雙方

顯然都有意願，真的有必要做到這個地步嗎？當然，不能否認，若是兩個具有某種信賴程度關係的成人，靠「默契」就能達到共識。但這只限於對彼此間的溝通相當有自信的狀況。

「氣氛感覺不錯，等一下就順勢……」、「不喜歡的話，女生自己會說吧」——男生必須仔細思考，自己內心有沒有摻雜這種迷思或是擅自認定的想法。此外，我認為不能期望十幾歲的年輕男女有這種成熟的溝通，所以果然還是需要好好用言語徵得性同意。不過，應該還是有人會覺得，剛開始光是要發生性行為就夠令人臉紅心跳了，直接說「我想做」這種事實在太害羞了，無法說出口吧？如果是這樣，「會痛嗎？」或是「討厭的話就跟我說」這種最起碼的講法應該比較容易說吧？重點是，要注意讓對方能將難以啟齒的事輕鬆說出來。

應該說，喜歡某個人，想親吻對方或是進一步發生關係的話，最起碼必須能傳達這件事。當還不能有意識地提醒自己可能會不小心做出讓對方討厭、痛苦的事時，就無法說是能夠擁有性關係的合適年齡。

舉個例子，當有人肩膀僵硬我們幫忙按摩時——「是這裡嗎？」、「不是，再下面一點。」、「力道會太大嗎？」、「這樣可以。」會出現這樣的對話，邊跟對方確認邊按摩吧？因為是他人的身體，觸碰哪裡會有什麼樣的感覺？會不會痛？會不會癢？理所當然都得詢問才能知道。

然而，不知為何有些男人在做愛時卻突然失去了這個步驟，擺出「女人的身體我更懂」的態度。一般認為，這種態度顯現的意識大概是「面對女人，想在性愛中取得優勢」、「給女人快感是男人的責任」、「做愛時讓女人引導很丟臉」，但這果然也是「有害男子氣概」外顯現象吧。

理解性行為伴隨的責任有多大

在律師的工作中，我也看過好幾個男人明明都好大一個人了，但一得知性行為的對象懷孕後便音訊全無，下落不明，不打算負任何責任。身為一個人，這種態度不僅可恥，一旦透過法律程序，法院承認認領訴求的話，男方身為父親也必須支付扶養費，產生法律責任。只要知道孩子的父親是誰，就可以讓對方認領和負起支付扶養費的責任。

不過，現實中也有女生是透過網路認識對象，在不知道男方姓名和工作地點，只知道網路暱稱的狀況下懷了對方的孩子。就算委託律師，也因為資訊過於不足無法查出男方身分，完全無法追究法律責任。女生心裡對於要拿掉腹中的胎兒感到抗拒卻不知道孩子的父親人在哪裡，也不知道自己是否有能力獨自扶養小孩。無法對父母說出自己的情況，肚子日漸隆起，精神崩潰……這實在是悲劇，卻是現實中可能會發生的事。

我想跟女孩們說，一定要讓自己能跟做愛的對象說：「要戴保險套喔。」如果對方因此擺臭臉，或是嫌麻煩不想戴的話，那種態度就是不尊重女性。妳也必須覺察，如果自己害怕要求對方避孕，那麼你們之間就不是平等的關係。

如同我再三所說，我衷心認為學校其實也該教導這些知識。儘管有一部分的人也做了這樣的努力，但整體而言仍十分不足。因此我認為，在男孩擁有性經驗以前，身旁的大人必須提供資訊等幫助，讓他們有機會自己思考，成為不會傷害女性、有責任感的大人。

性行為既非權利也非義務，更不是生命禮儀

我不小心講了一連串稍微嚴肅的話題。如果有青春期的男孩正在看這本書，或許會讓他覺得性愛好麻煩、好可怕，自己無法承擔這麼重的責任……

不過，性（sexuality）的本質本來就是透過彼此的身體和對方交流溝通。借

性教育權威村瀨幸浩的話來說，性有兩個層面，分別是「身體的快感」與「心靈的快感」。透過這兩種快感，讓彼此間的關係更豐富。

不過，「性」並非豐富一段關係的唯一方式。有「無性戀」這種沒有性欲的人，也有即使不是無性戀也一輩子單身生活的人，還有就算結婚彼此都接受沒有性行為的夫妻。

到了一個年紀，或許會因為朋友都有性經驗唯獨自己沒有而感到焦慮。尤其是男性間有股風氣，把沒有性經驗的「處男」視為可恥的事，拿來調侃。

我讀《日本的處男》（日本の童貞，暫譯，澀谷知美著，河出文庫）一書後，了解了日本社會對「處男」的態度從十九世紀末到現在如何變遷，十分有興趣。日本過去曾有將「處男」視為美德的時代，也有覺得處男很遜、很可恥的時代，接著又重新檢視「覺得處男可恥很奇怪吧？」社會對於「處男」的態度一直在變化。現在社會上有一部分「處男很遜」的言論絕非普遍的看法，我反而覺得這個社會為性經驗賦予太多多餘的意義了。

性並不是什麼成為大人的生命禮儀。像是「想在○歲前擁有性經驗」、「都○歲了竟然還是處男（處女）」這類令人焦慮的訊息都只是愚蠢可笑的說詞，無論男女，希望大家都能培養無視這些話語的膽量（雖然在敏感的青春期年紀或許很難吧）。

話雖如此，想嘗試性愛卻無能為力、沒有對象，有時也會令人感到寂寞、頹喪。一旦太過糾結於這種心情，似乎也有可能像第二章提到的「incel」一樣，心懷怨恨，覺得「女人為什麼不和我做愛」。

不過，這是理所當然的，因為沒有人擁有「和誰做愛的權利」。只要對象不同意，任何人都不能做愛。而同不同意當然也是個人的自由。如何與寂寞和頹喪的心情取得平衡沒有正確答案，但凝視自己的內心，看看自己為什麼覺得寂寞？為何感到痛苦？想用什麼方式解決？將這些化為言語，可以的話和擁有類似心情的人交流，試著將自己的感受說出來，應該會看到一些什麼吧。

就像人們沒有「和誰做愛的權利」，同樣的，也沒有「做愛的義務」。即使和某人交往，甚至是結婚都沒有這種義務。就算是男人（當然，女人也一樣），也不是永遠都必須讓伴侶在性方面感到滿足。

不過，無論男女，雖然不想做的時候都沒有做的義務，但自己的伴侶可能會因為沒有性行為而感到寂寞、痛苦。不同的拒絕方式可能也會傷害到對方。關於這點，以言語填補那份空缺，仔細傳達自己的心情不但是對對方的體貼，就伴侶關係來說也是一種理想的方式吧。

性行為有沒有都無妨，也不是在幾歲前非做不可。但願大家能在了解這個基礎後，隨著成長慢慢建構屬於自己的性價值觀。而本章所寫的，就是希望大家能先了解，避免在這個過程中因無知而傷人的事。

☆1 清田隆之（二〇一六年七月二十日）。拘泥於「勃起與射精」的男人「性欲」和日本的「性教育」。WEZZY。取自：https://wezz-y.com/archives/32935

☆2 小川玉夏（二〇一八年十一月十六日）。「不能把A片當成性行為教科書！」中大校慶帶起熱烈討論。DIAMOND ONLINE。取自：https://diamond.jp/articles/-/185664

☆3 波多野公美（二〇一七年八月二十二日）。「『教科書是A片』令女人困擾。與『色情男』一徹談男女性愛分歧的理由」。赫芬郵報日本版。取自：https://www.huffingtonpost.jp/2017/08/22/adult_video_n_17799470.html

☆4 女性主義者執起導演筒。無論男女皆愛、女性導演拍攝的「真誠色情片」是什麼？（二〇一七年四月十五日）。HEAPS。取自：https://heapsmag.com/women-porn-director-give-us-an-alternative-to-mainstream-porn-Erika-Lust

☆5 PILCON（二〇一四年七月二十五日）。脫褲子前要先知道的正確保險套穿戴方式。

取自：https://www.YouTube.com/watch?v=CCrXFxtOHt0

☆6 可從下列網址免費下載：https://www.wingskyoto.jp/docs/association_GH1808

與星野俊樹（小學老師）談

「如何打造尊重多樣性的教室？」

星野俊樹　Hoshino Toshiki
生於一九七七年，大學畢業後，歷經出版社工作轉為教師。二〇一五年起，於學校法人桐朋學園桐朋小學任教。在負責班級中實施的「生命與性」教學受到各大媒體矚目，也於各地演講，談論尊重多元的教育。

太田：我想應該也有許多家長雖然明白性教育和性別平等教育很重要，但擔心對小孩子來說是不是太難了。不過我自己的感覺是，等到了國中或高中再教可能太慢了。想請實際在小學任教的星野老師來告訴我們，要怎麼跟青春期以前的孩子傳達性和性別平等的問題。

星野：請多多指教。

在日常的教室裡，對「應該有的樣子」提出疑問

太田：能請教星野老師實際上是怎麼在教室裡教孩子們關於性的事嗎？

星野：我並沒有特別安排什麼課程，比較像是在教室的日常生活中打開天線，看到合適的時機就教他們。

像是之前有個小學二年級的女生在日記裡寫到：「班上的A男跟我說：『男生很帥，女生又弱又遜。』我好生氣，希望大家一起來討論。」當時，我內心的感覺就是：「很好！來了！」（笑）

太田：（笑）。將生氣的事說出來，不是當作自己的事就算了，而是清楚向老師傳達。這個孩子很了不起耶。

星野：她願意坦率地告訴我這種事，很讓人高興對吧？所以，我決定把隔天的數學課改為班會，和孩子們討論。我說：「昨天發生了一件很重大的事，接下來我想和大家談談。」孩子們也變得一臉嚴肅。

太田：二年級的小孩子還很坦率可愛呢。

星野：我並沒有指出說那句話和寫日記的孩子是誰，我問大家：「我聽到了這樣的發言，如果有人這樣對你們說的話，你們會有什麼感受呢？」同學接二

連三地說「會很難過」或是「會不想來學校」。也有「我是男生，但我不喜歡這樣」的聲音，或是分享經驗：「接力賽輸的時候我被男生說：『妳是女生所以才會輸』，覺得很難過。」

太田：即使是這個年齡的孩子，也都經歷了各式各樣不舒服的經驗呢。

星野：沒錯。大家都異口同聲地說：「不喜歡！」說女生很弱的那個男孩也在表明「不喜歡」的人裡面就是了（笑）。

太田：（笑）

星野：因為男孩子從小就一直將錯誤的「強大」形象內化到心裡，因此，我想先重新建立小孩對「強大」的認知。我跟他們說，「強大」本身不是好事也不是壞事，是一種中性的特質。世界上有跟我一樣力氣小的男生，也有像女運動員一樣力量強大的女生。接著告訴他們，光是力量強大卻不善良只會變成一個粗暴的人，強大和善良兼具才叫帥。這麼一來，他們就會理解「男生很強所以很帥」這句話完全不合理。接著我繼續問有沒有誰跟他們說過「你是男生」、「妳是女生」所以該怎樣怎樣的話，結果每個人都說「爸爸」、「媽媽」、「奶奶」等等。

太田：果然，家庭的影響壓倒性地巨大。孩子年紀越小，越容易受到身旁家人平常對自己說的話、在家裡看到的行為影響。

星野：一問之下，感覺男生大多是從父親，女生大多是從母親口中聽到這句話。也就是說，是同性的家長在加深他們的性別偏見。

太田：這點我也感觸良多，很明白你說的。

星野：其中還有什麼「你是男生，給我穿正常的內褲」這種莫名其妙的話（笑）。

太田：「你是男生」是可以當所有事情理由的萬靈丹嗎（笑）？儘管還有其他更合理、更根本的理由，卻用「你是男生」這句萬靈丹帶過的話，好像甚至就不用思考合理的理由，將理由表達出來了。

星野：聽到這些經驗後，我問他們：「你們不會覺得這樣很奇怪嗎？」大家都點頭同意說：「很奇怪！」小孩子有很單純的正義感，只要拋出問題，意外地都會願意回應。

家庭強化的性別規範

星野：這堂課後，有個男生跑來跟我說：「聽了今天的話，我有些話很想說，我想拿紙。」總共有兩個孩子來跟我拿紙，他們事後在紙上寫了「擅自說因為是男生、因為是女生所以怎樣是很奇怪的事」、「男生也可以玩女生的遊戲」，還有「把這些事寫出來後，心情好舒暢」。

太田：喔喔！好棒喔。有了「把心情化為文字後神清氣爽」的經驗，就能明白言語表達的重要性了。

星野：對那個孩子而言，算是一種解放吧。那個孩子外表有點可愛，身旁的人有時會沒有惡意地說「〇〇好像女孩子」，這或許也是他對周圍那種看法的反抗。

太田：這個討論成了男孩傾吐內心想法的契機呢。這種課只要上一次，或許就能改變他們今後的人生。

星野：這堂課後我心想，接下來也必須跟家長傳達才行。因為說了「女生很遜」，開啟這堂討論課的男生聽大家發表意見時小小聲地說：「我其實也很討厭『你是男生』、『妳是女生』所以怎樣的說法」、「可是，如果我這樣說，爸爸一定會生氣。」

因此，我在班報上說明了這堂討論課的事，並寫下「似乎有很多孩子從各位家長口中聽到了加深性別偏見的話語。今後，孩子可能會對各位的這種發言提出異議，請各位家長千萬不要生氣，冷靜地回想自己的言行舉止，並稱讚孩子提高了性別平等的意識。」希望家長如果要生氣，矛頭不是指向孩子而是我這個導師。我告訴孩子們這件事後，他們似乎都鬆了一口氣。因為，對父母的價值觀表達異議對孩子而言是很恐怖的一件事。

太田：沒錯……對這個年齡的孩子而言，父母是絕對的存在。他們應該很擔心如果父母知道自己覺得他們的價值觀很奇怪，在家裡沒說卻在學校說出來，父母會不會傷心、會不會生氣吧。在學校討論這類話題時，老師的這種支持真的很重要。父母感覺也會有些動搖，想不到自己在不自覺的情況下成了孩子的行為準則，或是出於善意無意識脫口而出的話竟然被小孩當面提出問題。面對孩子的提問，如果父母也能思考，創造出成長的契機是最理想的狀態。

星野：從這堂課的經驗，我也深深感覺到，大人強加的性別規範也會在小學生身上植入男尊女卑的價值觀，傷害孩子本來的面貌。遺憾的是，等到高年級後，即使教這樣的內容，大部分的男生都不太會有反應。低年級的話，男生也會很坦率地給予回應。

太田：這件事好衝擊喔。我認為性別歧視的觀念必須有意識地盡量從低齡教起，但到了高年級反應會差這麼多嗎？

「男孩子愛幹蠢事」言論的潛在危險

星野：我們一般會將青春期前的學童大致分為三個階段，幼兒園到低年級是第一個時期，接著是中年級、高年級。如果父母或教保員在幼兒園階段下意識對小孩灌輸「男生是藍色，女生是粉紅色」這類觀念的話，就會在入學前打造出深厚的性別偏見基礎。不過，此時被灌輸的觀念還有修正的餘地。因為孩子在這個時期很容易受到父母或老師等身邊大人的影響。

太田：是父母只要教導就會乖乖聽話的時期對吧？

星野：沒錯。不過，一到中年級，也就是進入所謂的群黨期，比起父母和老師，會以同齡同儕間的規則和價值觀為優先。這點男女都一樣，在這個時期，性別偏見會漸漸深入、內化。

尤其是男孩子，此時會建立同性社群的原型，男子氣概的霸權之爭越來越激烈。具體的顯現就是會捉弄或瞧不起團體裡比較文弱的男生，以及對女生出現性方面的惡作劇。

太田：像是掀裙子或是講一些跟性有關的字眼，以別人的反應為樂等等。

星野：沒錯。因為這些行為，孩子們男尊女卑的價值觀會牢牢固定下來。而大人也經常用「男孩子真的很愛幹蠢事耶」這種說法容許這種行為……

太田：是啊，育兒過程中真的很常聽到「男孩子本來就愛幹蠢事～」這種話。「男孩子本來就很傻」這句話可能無形中容許了男孩子暴力、莽撞有時是性騷擾的行為，我也覺得這種說法非常有問題。

星野：男性學家田中俊之說，證明男子氣概的對策分為「成就」和「脫軌」。成就是在學業或運動上勝出，屬於正向的努力，脫軌則是與大人期待背道而馳的行為舉止。

太田：像是故意做一些愚蠢或是危險的事。雖然這跟個性也有關係，但

我的小兒子現在這個年齡就是這種感覺⋯⋯

星野：「男孩子本來就是這樣」、「男孩很蠢很好笑吧？」這類言論就某種意義而言，或許對在教養男孩的過程中不斷失敗的父母給予了一些信心，卻也強化了「男子氣概」的競爭。無論成就還是脫軌，即便方向不同，都只是基於競爭原理在誇耀「我有這麼厲害喔！」罷了。

太田：男孩子間的炫耀大賽是吧？

星野：沒錯。若是因此創造出有害男子氣概的基礎，果然就糟了。從這個時期開始，男孩子會被要求活在「將軟弱、不安、痛苦等等表現出來『很遜』、『很難看』」的價值觀中。這種價值觀會使人難以說出內心的負面情感，妨礙同理心和溝通能力的發展。周遭的應對方式，將會剝奪孩子本來應該可以面對自己情感的機會。

太田：這一點我真的非常理解。我不懂那些事哪裡有趣，只要炫耀大賽一開戰就會問：「你想想，贏這種事有意義嗎？」但都沒有什麼回應⋯⋯

星野：女孩子從低年級就開始建立有同理心基礎的友誼了，對吧？女孩間常常會交換日記，但其實低年級的男孩子也有這樣的需求。不過，年齡一旦增長，男孩子就漸漸遠離這條路了。

太田：原來如此。為什麼會這樣呢……

是什麼妨礙了用言語表達情感？

星野：關於情感社會化的過程，兒童心理治療和家族治療專家大河原美以（東京學藝大學教授）這樣解釋：首先，①孩童表現出自己不愉快的情感，②周遭的大人承認那個情感後化為言語，像是「很痛吧？」、「很可怕喔？」、「你很擔心吧？」藉此，孩子便能將自己的情緒化為言語，獲得安全感。然而，有些大人會否定、壓抑小孩不愉快的情感。最典型的就是，當男孩子跌倒時，父母預測孩子接下來會嚎啕大哭便搶先一步說：「不痛！」

太田：啊啊，真的有人會這樣。我在別人家裡或是公園偶爾一起玩的孩子身上看過好幾次這種場面。很多大人會用鼓勵的口氣對快哭的小孩說「你是男孩子啊，不痛對吧！」、「你是男孩子吧？不哭不哭！」可是，跌倒會痛明明是很正常的事……

星野：沒錯。那個孩子體內到處竄著疼痛、打擊等不愉快的情感是事實。這個時候，大人站在跌倒的孩子立場對他說：「嗯，你想哭對不對？哭出來沒關係喔，很可怕吧？」同理孩子，幫他將那份不愉快的情感化為言語，孩子才能意識到「這是恐懼」，接受這份情感。孩子會感受到，即使表現出負面情緒，別人也願意接納。不斷累積這種經驗後，才能促進孩子的情感健全發展。然而，在自己的情感化為言語前劈頭就聽到「不痛」或是「你沒哭，真了不起」的話，孩子就會從經驗中學到他人不願意接納自己的負面情感，進而壓抑這些情感。最後會導致什麼結果呢？那就是「解離」。舉個例子，像是明明在家乖巧聽話，行為舉止符合父母的期待，在學校卻無法壓抑負面情緒，對朋友動粗或惡言相向。這樣的孩子多不勝數。

太田：因為在家裡無法表現負面情緒，非常壓抑吧。

星野：不過，能用罵人等方式對外發洩負面情緒的孩子還算好，無法這麼做的孩子會用自殘等方式排解無處可去的情感。

現在學校裡面被說是「傷腦筋的學生」的孩子，感覺八成以上是男生。當然，這並非實際統計的數字，卻是我自己每天面對孩子的真實感受。最新腦科學的觀點認為，男人腦、女人腦（主張人類大腦的組成因性別而有天生差異）的主張毫無根據，並不適當。儘管如此，男人和女人實際上為什麼會出現這樣的差異呢？我認為，男人是因為前面那些性別規範的錯誤才導致情感社會化失敗，這樣想或許比較恰當吧。

太田：現在社會對待男孩的傳統方式隱含了許多問題，感覺這些學生呈現的就是其中一種問題。

星野：大河原美以說，這種解離持續累積後，接下來等著的，就是「情感恐懼症」。情感恐懼症是一種害怕觸及自己和他人情感，採取迴避策略的心理狀態。不斷解離的結果，是無法辨識自己的情感，同時，也沒有養成同理他人情感的能力。這樣的人舉個例子來說，只要接觸到伴侶強烈的情緒，就會停止思考，中斷溝通。面對強烈的情緒，需要說出來好將情緒實體化。然而，無法將情感化為言語的人便會依賴酒精、性愛、賭博或自殘等行為，藉以逃避面對自己和他人的強烈情感。

齊藤章佳（精神保健福祉士、社工師）指出，色狼是一種心理成癮症，對色狼行為成癮的人，與其說是受性欲驅使，更像是在控制對方的感覺中獲得滿足。我想，這大概也是情感恐懼症引起的一種心理成癮吧。

如何幫助當事者將情感化為言語？

太田：聽你這樣說，我想到在離婚案例中經常聽到「我跟先生沒辦法談話」、「我拚命跟他說這是很重要的事我們談談，他卻說『那件事已經談完了』、『我不想聽』等等，無視我的存在，封閉自己。」這種溝通無法成立的狀況。我也常在離婚案例中看到一種男人，彷彿缺乏表達的感情種類，即使其實是傷心也馬上會轉化成憤怒。這種人無法用言語溝通，即使在社會上擁有一定的地位也沒惹過什麼麻煩，但一轉到私底下的親密關係，就會暴露出這種面向。

星野：在憤怒管理的觀點中，憤怒是次級情緒，在次級情緒前的初級情緒是悲傷、不安、嫉妒等情感。本人能夠辨識出多少初級情緒非常重要，需要言語表達的技巧。

太田：我和清田隆之談話時也有討論到，男人不太有將情感化為語言的能力。「將情感化為言語」是很重要的關鍵字。清田隆之說「對自己情感的解析度很低」，我覺得這也是很精準的形容。我兒子哭的時候，我會讓他們用講的，解釋自己哭的理由，但他們卻不怎麼願意說……我認為平常就要練習用語言表達自己的情感，因為這不是一朝一夕就能學會的技巧。該怎麼做才好呢？

星野：本來，就算對詞彙稀少的孩子說「你說說看」也很難成功吧？這種情況運用ＳＳＴ（社會技能訓練）的方法有時會有效果。比較知名的方法是利用「心情溫度計」表達自己的憤怒程度，另外還有「情緒海報」，海報上有表現各種情緒的表情圖案，請孩子選擇符合自己現在心情的圖案。現在有很多這種類型的工具，或許也可以試試看。

太田：原來如此。語言前期階段用表情圖案啊。我也想試試看。

融入學校制度的男性本位社會價值觀

星野：不只家庭，學校系統裡也有反應男性本位社會的部分。很可惜，我不得不說即使在老師間，性別平等的相關意識仍然還很低落。

有個問題我稱之為「操場問題」。大部分學校的操場都有使用規則，規定每天的活動項目，像是星期一足球，星期二棒球等等。不過，這些規定的遊戲基本上都是男孩子的遊戲。

太田：對耶。

星野：結果，實際上利用操場玩耍的都是男孩子。這不是反應、複製了男性本位社會嗎？使用規則中為什麼沒有女孩子喜歡的遊戲（雖然這部分也不能擅自下定論）呢？我認為，這個問題存在著下意識複製的性別角色意識。

太田：的確耶。我兒子的學校是怎麼規定的呢？我沒想過這個問題。

星野：希望有更多老師能注意到這類的事。不只是口頭上教孩子多樣性和男女平等，針對融入學校系統中的性別不平等，我們老師應該要更敏銳才行。

太田：說得對。我們常說男校畢業的男人性別偏見內化得特別深，尤其是從名門男子高中進入知名大學的人，很多都在企業或政府中樞擔任決策的重要位置。從這個情況來看，日本社會的性別不平等指數沒有獲得改善，或許也是很正常的事。

星野：完全中學灘高級中學有位片田孫朝日老師寫了一本書叫《男子的權力》（男子の権力，暫譯，京都大學學術出版會），他在書中提到，小孩不只接收大人灌輸的觀念，自己也是創造權力結構的主體。戰後，日本教育在兒童中心思想下，即便小孩多少有些調皮搗蛋，也將其視為「孩童主體性的表現」，採取接受的態度，推崇這樣的教育觀。但這種教育方式或許也容許了孩子複製男女歧視和有害男性特質。

太田：我非常能理解。孩子真的是從很小的時候就開始受到社會影響，不自覺產生性別歧視的價值觀。因此我平常就有感覺，父母極需要從小就有意識地介入孩子的價值觀形成，尤其是歧視相關的議題，不能任由孩子「自然吸收」社會上性別歧視的價值觀吧。

星野：是啊。話雖如此，但片田孫老師也不是肯定威權式教育，而是覺得我們應該思考該怎麼做才能用權力以外的方式介入。

太田：想要導正現在社會中已成為現實的偏見和不平衡，雖然必須積極介入孩子反映出問題的行為，但方法很重要吧。如果在孩子各個成長階段沒有持續適當的介入，在這性別歧視結構牢固的社會裡，感覺他們便會無意識地吸收性別歧視的價值觀長大，這就是我最擔心的事。孩子的成長很快，再慢吞吞的話，似乎就會一一錯過在適當時機介入的機會。

星野：沒錯。實際上，我切身感受到，就算同樣是老師，「調皮搗蛋」的男孩子對男老師和女老師的態度也特別有天壤之別。隨著年級上升，男孩們開始瞧不起「柔弱」、「乖巧」的女老師，出現不再認真聽她們說話的傾向。來到群黨期，男孩子開始想打倒老師的權力，在這樣的鬥爭中，「柔弱」、「乖巧」的女老師陷入非常劣勢的處境。不過，我認為會演變成這樣，是因為在之前的教育中，當男孩子露出內心男尊女卑和追求權力的端倪時，老師們不是允許就是忽略的緣故。

承認弱點也是一種強大

太田：我覺得，教育前線中抱有這種意識教學的老師還不太多。是什麼因素讓星野老師開始採取這種教育方式的呢？

星野：從小，我父親就一直對我說：「給我像個男人的樣子！」、「像女人一樣不乾不脆的傢伙」，雖然我心裡上抗拒這些言詞，卻又忍不住深信不疑。現在想想，我父親也是個遭受有害男性特質侵蝕的人，可以理解他自己是在壓抑下長大的。

雖然抗拒那樣的父親，但我自己還是將有害男性特質內化了，對於「不像男人」的自己有很強烈的自卑感。一個是我無法自稱「俺」（註1），還有一

註1　日本男生在非正式場合時的自稱有「僕」和「俺」兩種，「僕」較謙遜，「俺」則較豪邁、粗魯。

個是我的開車技術爛得令人絕望（笑）。雖然技術差的話請技術好的人幫忙開就好，但受困於男性特質的人會覺得這樣就輸了，很丟臉，擔心被別人看成低人一等的男人，受恐懼感驅使，覺得必須努力克服問題才行。因為我自己也被這種意識控制，心想既然開車不行那就騎車吧，特地去考了機車駕照，買了昂貴的機車。我那時候覺得，騎機車可以抹掉我車開得很差的自卑感（笑），但其實我根本不喜歡機車。當時的我還是被媒體散布的「男子氣概」形象牽著鼻子走了。這是我不堪回首的過去。

太田：是社會的詛咒呢。雖然內容不同，但男女身上都有關於「男子氣概、女人味」的詛咒。我自己一路上也是在詛咒中不斷反覆嘗試，創造了好幾段想封印的慘烈過去，直到現在也不知道自己是否已經完全解除「女人味」的詛咒了。功課就是如何對這些詛咒產生自覺，又該如何自己解除。

星野：直到不久前，我都還一直困在那些詛咒裡。有句話我一定要對同樣受詛咒所苦的男人說，那就是「只要承認就輕鬆了」。為了活出自我，必要時丟掉男人的自尊。我想跟大家說，這也是一種強大的表現。

太田：轉換「強大」的印象。

星野：沒錯。我現在回頭看，當初勉強騎機車時的自己因為被男子氣概的詛咒控制，完全不幸福。只要身上有詛咒，人生的主導權就會被奪走。

我之所以能解開詛咒，很大一部分要歸功於獲得了性別議題的相關概念和知識，以及周圍有越來越多人能談論這些事。因為身邊有讓我相信即使說這種「丟臉」的過去或自卑情結也願意接納我的朋友，我才能放心說出來。現在的我比過去更加掌握自己人生的主導權，覺得很幸福。我認為，那些對父權制度不抱任何疑問、做出騷擾或家暴行為的父親們因為遭到「男子氣概」詛咒的控制，不僅人生的主導權不在自己手中，看起來也一點都不幸福。

現在，我不覺得車子開不好很丟臉了。相反的，透過積極主動提起這件事，我能夠向周圍傳達「就算有男人開車技術差也沒關係」。所以，我現在反而覺得車子開不好是件好事。

太田：原來如此。無論是現實中的大人，還是漫畫、小說等虛構的世界，希望能有更多從詛咒中獲得解放、充滿魅力的男性楷模。

啟發擁有男性特權的自覺

太田：在教孩子性別歧視時，像是女生考大學醫學院時分數不公平的問題，就某種意義上來說吃虧的部分顯而易見，但我覺得男生很難感受到自己身上「顯而易見的吃虧」。大概很多人對自己處於特別加分的立場也沒有自覺吧，即使有也會覺得脫離那樣的立場有什麼好處。雖然這樣講可能有點偏激，但也就是說，若是「只」顧慮自己的話，或許很難產生強大的動機去改變性別歧視的結構。相反的，可能也有男生覺得自己身為男人一點好處都沒有，不認為自己有什麼男人的「特權」。對於這樣的男生以及他們的父母，該如何傳達才能讓他們感受到自己也是面臨問題的當事人，了解性別歧視是每一個人的問題呢？

星野：男性特權和女性歧視就像硬幣的兩面。我聽研究社會福利學和教育社會學的出口真紀子（上智大學教授）教授說，當她把課程名稱訂為「關於男性特權」時，會比課程名叫「關於女性歧視」更引起男學生的興趣。男學生覺得女性歧視與自己無關，但如果是講「男性特權」，就會好奇自己擁有什麼樣的特權。

接下來這也是出口教授告訴我的，想跟大家介紹一個簡單有趣的活動，可以實際感受到特權和壓抑的體驗。首先，教室裡的桌椅都面向黑板排列，在黑板前放一個大紙箱。發給學生每人一張紙，請他們在紙上寫下姓名揉成團，從自己的座位投進紙箱。這樣一來，雖然前排的學生可以輕鬆投進，後排的學生卻不容易。其中，也有學生覺得這個遊戲沒有意義，放棄投紙球。

太田：很有趣耶。

星野：最後，問學生他們覺得從座位到黑板的距離代表什麼意義。坐在前面的學生是順性別、異性戀的男性，或是家庭環境優渥等擁有特權的人，而座位

越後面的就是越沒有這種環境的人。聽說，這樣一說明後，大部分的學生都能直覺理解特權這件事了。美國等國家將這類活動做為「社會正義教育（Social Justice Education）」來研究，也在學校裡實行。

太田：也應該讓大人體驗這種活動耶，尤其是成長背景良好、社會地位高的這一群人。因為有太多人覺得身上的一切好像都是靠自己的努力贏來的，彷彿這個世界上沒有社會結構和出生背景的機會差距一樣。即便真的是靠努力贏來，但歸根究柢，能處在可以努力的環境本身就是一種偶然的幸運。

星野：我也曾實際去體驗出口教授的課。她在工作坊後說，這個教室呈現的就是現實的世界。想改變跟這個遊戲一樣不公平的結構，需要擁有特權的一方察覺並做出行動。倘若坐在教室前方的人只看眼前，便不會發現自己得到了優待。不過，如果回頭後發現自己處於特權立場的人沒有行動，停留在特權身上的話，就是複製這個結構的幫凶。

太田：意思是在歧視結構中擁有特權的一方必須運用特權，做出正確的行為吧。出口教授說得沒錯，如果察覺自己擁有特權卻毫無作為，就是助長不平等的結構。我有時候也會一驚，自己或許在其他類型的歧視問題上也當了這種消極的幫凶，能做的事就必須行動才行呢。

星野：社會學家布爾迪厄（Pierre Bourdieu）有句話叫「遭排除者的清醒」。以剛剛的教室為例，遭特權排除的一方可以從教室後面清楚看見歧視結構，清醒地理解世界。另一方面，由於擁有特權的人可以裝作沒看見地活下去，便無法得到這份清醒。要達到從自己的座位往後看，對整體結構產生自覺，果然還是需要知識的力量，孩子也必須從教育中學習這點。

太田：我的兩個兒子年紀都還小，即使跟他們說他們擁有身為男生的「特權」，他們也沒有概念。但我希望不管處於什麼立場，他們都能看到跟自己不同立場的人，擁有觀照全體的意識。我在憲法咖啡時也有這種感覺，身為社會的一分子，創造一個更好的社會是每個人身上的責任，但日本社會的這種意識還很淡薄。

特權方的行為創造改變

星野：擁有特權的一方應該行動這件事也能對應在教育第一線上。比如說，母親們努力訴求學校也不接納的事，父親一開口情況就會不同。在歧視等問題上，特權者出聲的效果比沒有特權的人高出好幾倍。像是發生性騷擾時，無論女性受害者再怎麼抗議都會被笑說是「這種小事」，沒有人當一回事。然而，只要周圍的男性說一句「不是，那句話不太OK吧」，組織就會認真接納這個意見吧？

這些例子除了反映出我們現在的社會是男性本位社會外，也由於發言不是來自受害者，就會被當作中立的意見。男人對自己的特權和發言的影響力有所自覺，並往好的方向運用是很重要的一件事。

太田：就像noblesse oblige（☆1）吧？如果擁有能做什麼的力量，也就有必須行使的責任。

星野：沒錯。學校也一樣，雖然用心的老師很努力，但有些事光從內部是不太能改變的。此時監護人，尤其是父親，如果能團結一致、表達意見的話，事態就可能改變，這一點我感觸良多。如果希望改善孩子接受的教育，希望父親們能對自己的特權有所自覺，大量使用。

太田：我在教養兒子的過程中變得比較容易想像男人的人生，像是模擬體驗那樣。同樣的，我覺得教養女兒的父親也會模擬體驗到不同性別的人生，重新察覺女人面對的不利。我認識的人之中，也有有女兒的爸爸非常氣性暴力和入學歧視的問題，對這些很敏感。遺憾的是，也有人並非如此。不過，希望有所覺察的人可以先動起來。

星野：感覺也越來越多男人覺得性別不平等這件事很奇怪了。不只是性騷擾，其實應該也有很多男人對職場騷擾和過勞死橫行的男性社會價值觀感到厭煩。

透過「有害男性特質」的討論，「男子氣概的價值觀讓男人自己活得很辛苦」的認知，已經一點一滴滲透到男人的心裡。不過，如果只強調「男人也很累」這部分的話，也有可能被濫用來赦免性別歧視結構中的特權者。若想以男人生活的辛苦為切入點，形成「男人也很厭煩這種歧視社會」的聲音，必須和社會正義教育雙管齊下，讓男人思考特權的問題。

太田：說得對。男人應該要有自覺，說出「男人也很累」的重要性，以及在性別歧視結構中由男人說出這件事的敏感性。包含星野老師在內，我覺得最近有越來越多男性試圖在這個基礎上發聲，令人增添不少信心。只要有一個人發聲，應該就會產生鼓勵另一個人的效果，興起「那我也要把過去就這樣想的事說出來」的想法。希望將來能更加期待這種良性的連鎖反應。

星野：在男性社會的價值觀中，提出要男人從「男子氣概」走出來這件事，一直擺脫不掉那是否就代表認輸的不安。表明自己是LGBTQ的Ally（☆2）

時會遭人懷疑「你也是同性戀吧」，這對許多將厭女（misogyny）內化的男人而言是很恐怖的。不過，只要看見男性本位社會是如何讓自己感受到這股不安和害怕的操作原理，應該也就能克服這份恐懼了。

身兼精神科醫生和人類學家的宮地尚子（一橋大學教授），運用「環狀島」的比喻，考察了訴說創傷的聲音如何在社會上顯現、被看待，以及創傷當事者與非當事者各自所處的位置與兩者間的作用力。環狀島是圍繞破火山口的島嶼，呈甜甜圈狀，每個特定的創傷都會形成環狀島，位於創傷中的人沉在破火山口中，無法對該問題發聲。另一方面，能夠訴說該創傷的人則位於環狀島的某處陸地（參照圖）。

宮地尚子說，「內斜面」（從破火山口的海平面到山脊）是創傷當事者的位置，「外斜面」（山脊到島嶼外側）則是非當事者的所在地。破火山口的「水位」會隨社會形態大幅改變，「水位」下降的話，能夠談論這個問題的人便會增加。

當對性別歧視社會發出異議的聲音擴散開來後，男人「我們也很厭煩這種社會」這類隱藏在水面下的聲音，應該也會顯露出來。

女性透過 #MeToo 運動發出的聲音或許也會成為一個契機，顯露男性過去

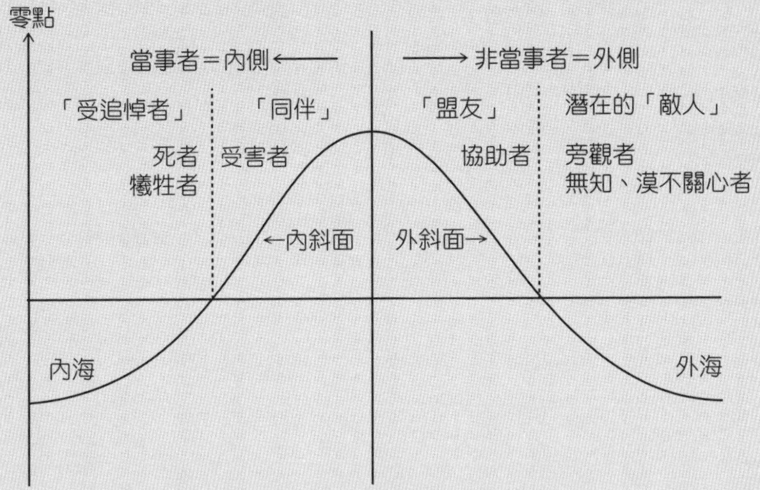

資料來源：宮地尚子（2007），環狀島效應（環状島＝トラウマの地政学，P. 92），美篶書房。

圖　創傷環狀島

隱藏的生活痛苦吧。

太田：這對厭煩性別歧視社會的女性而言，也是個令人高興的趨勢呢，希望可以一起改變性別歧視的社會。

☆1 noblesse oblige：直譯的意思是「高貴的義務」。中世紀貴族在享有特權的同時，也背負著餵飽領地居民的義務，後來引伸為處於優勢立場的人必須為社會奉獻的責任。

☆2 Ally：雖非 LGBTQ 等性少數當事者卻站在當事者這一方，給予支持、向社會發聲的人。

第四章 怎麼教男孩認識性騷擾、性暴力？

前幾章，我寫了大人對待男孩的方法、這個社會對男孩發送的訊息有什麼問題，也傳達了日本缺乏可以用不同角度看待這些的性教育和學習性別議題的機會。其中，感覺現狀最不足的，是具體上該教男孩子什麼以消除性暴力。

這是個家庭和學校幾乎都不太意識到的問題，實際上要教孩子時該怎麼傳達也很難。因此我闢了一個篇章試著探討這個問題。

為什麼必須教孩子認識性騷擾和性暴力？

自己的小孩成為「性騷擾或性暴力的加害者」——感覺是父母連想都不敢想，就算試想也對孩子很失禮而感到忌諱的一件事。儘管如此，現實中的加害者應該也都有父母，也有過孩提時代。那些人會成為性騷擾或性暴力的加害者的因素因人而異，無法一言以蔽之，但孩提時代大人的應對方式或教育，是不是至少能拔除一些孩子身上傷害他人的種子呢？

儘管少之又少，但考量到也有人可能在孩提時代成為性騷擾或性暴力的加害者，這方面的教育果然還是需要趁早啟蒙。例如，童年家庭中的性虐待，有不少加害者是哥哥或弟弟的案例。

最近媒體報導，奈良縣一所國中大約有十名男學生以手機或錄影筆偷拍女同學換衣服或裙底風光，在LINE上分享甚至販賣照片。

學校現行的性教育本來就十分不足，也沒有教導學生關於性暴力的知識。當孩子製造的性騷擾或性暴力突然浮上檯面時，周圍的大人再向孩子追本溯源、諄諄教誨「為什麼不能允許性暴力」是件很辛苦的事。而就現狀來看，說到絕大多數實際上沒有成為加害者的男孩們在成長過程中是否完整理解何謂性暴力，以及性暴力會帶給受害者（大部分是女性）什麼影響的話，也很令人不安。

性暴力與意外懷孕並列「最不幸的性接觸」。我希望可以思考該怎麼教導男孩，避免他們成為加害者。

性騷擾、性暴力是什麼樣的行為？

前面我們一直理所當然地使用了「性騷擾」、「性暴力」這兩個詞彙，這裡，我想先重新說明這兩個詞在本書中代表的意思。「性騷擾」和「性暴力」都非法律用語，卻都是傷害他人性尊嚴的行為。

「性暴力」有廣泛和狹隘的定義，本書指的是違背他人意願的性行為中，違反某些法律的行為。強暴、強制猥褻、鹹豬手等違背他人意願、強迫他人發生性關係或是在身體上有性方面接觸的行為當然是性暴力，偷拍、偷窺、偷內褲、將精液抹在女性衣服或所有物上的行為也屬於「性暴力」。

另一方面，sexual harassment（性騷擾）則包含了一些不算違法的行為，就這層意義而言是比「性暴力」更廣泛的概念。性騷擾也有廣泛和狹隘的定義，本書指的是違背他人意願、帶有性意涵的言行或干擾，以及性別歧視的言行。像是雖然違背他人意願，卻很難說是否有違法的輕微身體接觸（捏肩膀、觸碰頭髮、站在極近距離內嗅聞味道等）、以帶有性意涵的言語攻擊他人外貌，找麻煩、從頭到腳盯著他人全身不放、在他人看得到的場所張貼色情內容、性別歧視言行如「倒茶是女人的工作」、「男人要結婚才是獨當一面」、歧視、侮辱性少數者的言行都是性騷擾的例子。

儘管自己不是性騷擾的直接加害者，但當受害者舉發自己遭到性騷擾時，社會上也經常有人會無憑無據地懷疑，說出「不是他們自己勾引別人的嗎？」、「讓別人誤會的人自己也有問題」、「可能是仙人跳」等輕賤受害者的話語，或想說那些加害行為不是什麼大事。這種行為叫做「二次傷害」或「二次性侵害（second rape）」，我認為，二次性侵害也算是一種性騷擾。

「sexual harassment」這個詞，為許多女人長期經歷的痛苦現象賦予了一個名字，讓這個現象得以被眾人看見，具有很大的意義。但我也很介意，因為這個詞的過度普及，有時反而讓人輕忽了。將「性暴力」和「性騷擾」分開，並不是將性騷擾定位成較輕的問題，而是想強調，性騷擾也有和性暴力一樣傷人的地方。

日文將 sexual harassment 簡稱為「sekuhara」也給人一種輕鬆的語感，我也曾猶豫，書中使用這種簡稱或許會不小心讓讀者輕鬆看待性騷擾。我在這裡強調，「sekuhara 攸關人的性尊嚴，絕非情節輕微的行為」，在此基礎上，我也會使用這個簡稱。（註2）

無論是私生活或是身為律師的經驗，我都深刻感受到性暴力和性騷擾對人的心靈和身體造成多大的傷害。在成為律師前，我一直模模糊糊有個念頭，希望能從事與性騷擾、性暴力受害者相關的工作。這是因為我自己有過好幾次受害經驗，也認為性騷擾和性暴力是種踐踏人心最柔軟處、強烈傷害尊嚴的行為，難以原諒。儘管如此，社會上卻有種認為這些事無足輕重，也不公正處理的感覺。因此，一路走來，我腦海裡的某處一直在思考，我們該做什麼才能消除社會上的性

註2 sexual harassment，性騷擾，日文為セクシャルハラスメント，日本人多習慣簡稱為セクハラ（sekuhara）。

暴力。

為什麼必須告訴男孩？

我們該做什麼才能消除社會上的性騷擾和性暴力呢？當然，有許多方式，教育，尤其是不讓男孩長成性騷擾、性暴力加害者是很重要的一件事。因為說到底，只要沒有加害者就不會有性暴力發生。

特別是男孩子，不只要不會做出加害行為，成為一個理解、關心性騷擾和性暴力問題、積極幫助受害者的大人，也是至關重要的一件事。

女孩子會學習各式各樣保護自己的手段「以免成為受害者」，男孩子卻甚少有機會學習「避免成為加害者」。

當然，大多數的男人都不是性騷擾、性暴力的加害者。然而，能夠和女人一樣，視女性受害者承受的傷害為迫切問題的男人仍占少數。老實說，我覺得有太多人即使身邊發生性騷擾、性暴力，也不想察覺、不會伸出援手。不只是無心覺察、了解，那些不願傾聽受害者聲音，嘲笑出聲者「自我意識過剩」、「那種說法沒有人會聽」的人，即使不是直接的加害者，也是性騷擾和性暴力消極的幫凶。

我希望未來的男孩們不只是成為「不會對他人性騷擾、性暴力」的大人，還要「和女人一起為性騷擾和性暴力感到憤怒，幫助受害者」。

絕大多數性暴力加害者是男性

這樣寫，可能會招來我將全世界的男人都想成性暴力預備犯的誤解，但我絕無此意。不過，我會寫想消除性暴力，「首先要培育男孩不要成為加害者」是有理由的。

先從事實來看，實際發生的性犯罪中，加害者絕大多數是男人。翻開法務省的犯罪白皮書，嚴重性犯罪的加害者九十九％以上是男性（☆1），受害者則有九十六％以上為女性。這裡說的「嚴重性犯罪」具體來說指的是強制性交罪（除了暴力、脅迫等強制手段下施行的強暴，也包含口腔性交、肛門性交）及準強制性交罪等（趁他人酒醉等無法抵抗的狀態而非透過暴力、脅迫手段所施行的強暴、口腔性交、肛門性交）。因此，這是對剛才定義的「性暴力」中特別惡劣的行為所做的部分統計，不過，即使是整體的「性暴力」，加害者也以男性占壓倒性的多數。

為了避免讀者誤解，我想先補充一點：男人也會受到性暴力的傷害，性暴力對男人和女人的影響一樣深遠。即使在今日，遭受性侵害的女性也難以告發加害者，當受害者是男人時，由於周圍不理解「性侵害男性受害者」的存在，使得男人比女人更難發聲。這是極為嚴重的問題，再怎麼強調也不為過。

如果本書讀者中有遭受性侵害的男孩，希望你能跟可以信任的大人商量。接受商量的大人請真誠地聆聽，絕對不要敷衍孩子，說對方「想太多」什麼的。日本律師聯合會的網頁上有全國律師會兒童人權相關諮詢窗口一覽表（☆2）（若可能不小心成了加害者時也可以利用這個窗口）。

然而，無論受害者是男是女，加害者絕大多數都是男性。也就是事實上，相較於男性↓女性的性暴力和男性↓男性的性暴力，女性↓男性、女性↓女性的性暴力為絕對少數（不過，女性在言語和態度上的性騷擾並不少見，尤其是女性經常會對主張遭到性侵害的女性有二次傷害的發言。這些當然都是不容允許的行為，但由於偏離本書主題，我希望當成另一個問題來探討。）。

絕大多數的加害者是男人並不是因為男人天生具有那種（生物學／基因／大腦功能）「本能」。關於為何會有性暴力，人們有各式各樣的討論，但用「因為性欲是本能」、「男人性欲強烈，有時無法用理性壓抑」來解釋這個現象是錯誤的。

說到底，性欲是否真的是人類的「自然本能」尚有疑問（性欲有無和程度高低實際上因人而異，此外我們也必須認識到，人類是一種會不以生殖為目的發生性行為的動物），即使性欲真是人類的「本能」，對於同樣被視為本能的食欲，多數人都能根據當時的狀況做出適當的判斷該於何時、何地吃東西，該忍則忍，控制自己符合社會規範。或許，的確有人「因為無法控制過盛的性欲而淪於性暴力」，但絕非能套用於所有的性暴力案例。

將色狼行徑看做一種成癮症、實際面對色狼慣犯的齊藤章佳向大約兩百名加害人詢問：「做出色狼舉動時是否有勃起？」超過半數的人回答：「沒有。」（☆3）許多性暴力的動機、原因絕對無法單用性欲來解釋。

我認為，性暴力加害者為何會做出加害的舉動，以及統計上加害者明顯以男人占壓倒性多數，應該都與男人在當今擁有性別歧視構造的社會中被灌輸「有害男子氣概」有莫大的關係。那些「有害男子氣概」裡，潛藏著容易成為性暴力加害者的偏見，像是「控制女人才是『男子氣概』的證明」、「男人要比女人在性方面占有優勢」。當一部分的男人試圖勉強實現這類「男子氣概」時，是否便會結合輕視女人的意識，淪為性暴力的舉動呢？

若是如此，想要消除性暴力，這個社會更需要的觀點是，在教養男孩的過程中，謹慎小心地將「有害男子氣概」這種可能會連結到性暴力加害者思維的嫩芽拔除，有意識地培養孩子能夠將女人當成一個人來尊重，建構雙方平等的關係。

如同第一章所舉的例子，即使是宛如白紙的孩子，這個社會依然會不由分說地灌輸他們各式各樣的觀念。事先教導孩子不同的觀點就像預防針，可以避免他們被社會灌輸的有害思想汙染，或是能夠以不同的角度看待那些內容，即使多少受到汙染，持續的教育還是會發揮解藥的功效吧。

加害者根深柢固的認知扭曲

當被指控性暴力時，加害者經常說的藉口就是「我沒有惡意」、「我只是親切地開個玩笑而已」。也有加害者會毫不遮掩地吐露出令第三者驚愕不已的單方面認知，像是「我以為女方（受害者）在勾引我」、「我們應該是男女朋友關係才對啊」，加害者和受害者眼中世界的落差，經常令人頭昏眼花。

也常常見到加害者「我們彼此情投意合」的既定想法太過強烈，不懂自己對受害者的傷害有多深，也不明白自己的行為代表了什麼意思，不僅如此，甚至認為「我被設仙人跳了」、「當時對方明明同意，事後才陷害我是強暴」累積了被害者意識。該如何才能讓這種加害者理解「你所做的事是違背他人意願的性暴力」呢……這個問題總是讓我心情慘淡不已。

看著各式各樣的案例，便明白要讓性暴力加害者充分理解自己行為的意義並加以反省是件艱難的事。加害者在過往至今人生中所形成的價值觀、看待女性的扭曲觀點並不容易矯正。

儘管我們無法將眾多性暴力案件單純地一概而論，但日本整體社會並沒有「什麼是性暴力？性暴力有什麼影響？為什麼不可以有這種行為」的常識，尤其對男人，甚至還會發出讓他們輕視性暴力、對性暴力產生錯誤認知的訊息，這是否就是這些性暴力背後的原因呢？

為了「不讓孩子成為性騷擾加害者」需要什麼樣的教育？

為人父母後，幾乎每天都會面臨必須教孩子在社會上的進退舉止和是非善惡的場面。然而，即使孩子會聽到父母和老師說「不可以打人」、「不可以欺負弱小」、「不可以說別人壞話」，但無論男女，似乎都不太有機會學到「這個行為是性騷擾、性暴力，不可以喔」。

在進入會有性接觸的年齡後，孩子和父母的對話大概就會減少了，即便是親子關係，但孩子有什麼樣的性行為屬個人隱私，父母理所當然不該處處介入。但正因為如此，才更應該在孩子實際進入會有性行為的年齡前有意識地教導他們，不讓他們成為性騷擾的加害者。

具體來說該怎麼做，我也每天在煩惱，感覺可以整理成以下三點：

①培養尊重自己和他人身體意識的全面性教育
②了解性暴力對他人的傷害有多深
③有能力識讀可能萌生性暴力加害者思維的表現手法
（就廣泛的意義來看，②③或許也包含在①裡了。）

①全面性教育的必要性我已經在第三章寫過，關於③則會在第五章提及，因此這裡我主要想分享自己對②的看法。

傳達性暴力的傷害有多深

性暴力是什麼樣的行為，對人心的傷害有多深，為了避免讓孩子成為受害者或加害者，該怎麼教他們這些觀念呢？我對此煩惱不已，也每天都在嘗試中學習。

孩子還沒上學前，我比現在更小心翼翼，深怕孩子遭遇性侵害，念了《你可以說不：保護自己遠離傷害的繪本》（貝蒂・博嘉荷多著，小熊出版）這本繪本給孩子聽。這是本以溫柔插圖簡單向孩子解釋「發生這種狀況的話就大喊、逃走」的繪本。

儘管「不能違背他人意願觸碰、傷害他人的身體」被當作一般道德規範教導，但另一方面，當雙方彼此同意，出於自己希望的話，肢體接觸也是件歡愉的事，能夠帶來精神上的安全感。若沒有同時教導這件事的話，可能會讓孩子一味地對性感到懼怕、產生罪惡感，認為性很汙穢，我覺得很難拿捏這個分寸。

我對兒子們是這樣解釋的：「如果人家沒有說可以，就不能隨便碰別人的身體。因為人家不想被碰時你去碰人家，會讓對方覺得非常不舒服、很害怕。」、「不過，如果對方說可以的話，和喜歡的人牽手、緊緊擁抱，可以實際感受到你們互相喜歡的心情，也會覺得很開心，更喜歡對方喔。碰別人的身體可能會讓彼此都覺得非常幸福，也有可能讓對方感到非常害怕、討厭，會因為自己和對方的關係出現完全相反的結果呢。所以，好好確認對方的心情是非常重要的事。」

某次，兒子在車站看到「禁止鹹豬手」的海報後問我：「什麼是鹹豬手？」當時，他應該是小學低年級左右。

我向他解釋：「就是我不想別人碰我、對方卻摸我的身體，雖然女生比較常碰到這種狀況，但也有男生會遇到喔。雖然難過，但世界上就是有壞人會做這種過分的事。是件很可怕、很不舒服的事。」儘管如此，兒子似乎還是不太有概念的樣子，所以我又說：「舉個例子，如果有個不認識的男人突然摸媽媽屁股的話，媽媽會覺得很可怕，很討厭，好像被摸的地方變髒了一樣，感覺很噁心，想去浴室用力洗乾淨。」兒子聽完一臉僵硬，鹹豬手的嚴重性似乎多少傳達出去了。

無法想像性暴力傷害嚴重性的男人

在我的人生中，性暴力是近在咫尺的家常便飯。如今擁有知識後回過頭看，其中也有可以向警方報案，或是要求民事損害賠償的狀況。另外，也有些陌生男子的行為雖然很難說是否違法，卻令我感到害怕，至今想起仍餘悸猶存。像是陌生男子在超市一直尾隨在我後方，或是搭手扶梯時，突然有男人從對側的手扶梯伸出手想握我的手。由於那一瞬間我剛好將手移開扶手，感覺只是擦過，卻還是被突然伸出的那隻手嚇了一跳。一回頭，只見那個男人露出不懷好意的笑容，離我越來越遠。因為覺得很噁心，我衝下手扶梯，卻忘不了當時的恐懼與不快。

這類遭遇絕非我所獨有，而是女性或多或少都有的經驗。根據二〇一九年一月二十一日「#WeToo Japan」發表的「公共空間性騷擾行為實況調查」（以關東圈約一萬兩千名的男女為受訪對象），在電車或公車等公共空間中曾有「身體遭到觸摸」、「身體遭到壓迫」經驗的女性幾乎高達半數（☆4）。此外，內閣府的調查顯示，日本大約每十三名女性就有一名曾被迫性交。如果包含未遂的話，人數一定更多吧。這些加害者將近九成是配偶、主管、熟人等認識的人。受害者中有六成沒有跟任何人談過這些事，和警方商談者不到三%（☆5）。由於向他人提起性侵害遭遇的門檻很高，警方掌握、統計中顯示的性暴力傷害案件，只是實際情況的冰山一角。

即使不是自己，只要聽到有女人遭遇性暴力，便會加深我對這個世界的恐懼，更加覺得自己必須警醒小心。生活中，腦海裡某處總是在思考如何行動才能降低遇害的風險。我想，應該有很多男人從來沒思考過這種事吧。

因為屬性不同，觀看世界的方式也不同是莫可奈何的事，問題是有許多男孩成長的路上，一直將「因為我是男人所以沒想過什麼性暴力傷害的事」視為理所當然。如此嚴重深刻的暴力每天都在發生，為數眾多的女人為此所苦，社會上另一半的男人不應該漠不關心才對。因為男人身旁的女性如家人、朋友等也有可能是受害者。

在教孩子「不能欺負別人」時，我們會告訴孩子被霸凌欺負有多痛苦，讓他們設身處地想像吧。同樣的，關於性暴力，或許也該配合孩子的年齡，用不同的傳達方式告訴他們遭遇性暴力是什麼樣的經驗。

許多性暴力受害者有出版手札，等孩子達到一定年齡後，我認為父母也可以考慮推薦給孩子看。由於我的孩子還年幼，可能無法接受太嚴肅沉重的內容，現階段我就是讓他們看漫畫。與其說我擺書讓孩子看，更像是從自己想看、正在看的漫畫中向他們推薦感覺也很適合他們的作品。

像是《告別迷你裙》（牧野葵著，東立出版社）就是積極將包含性侵害在內，女孩生活的辛苦正面刻劃出來的作品。《7SEEDS》（田村由美著，東立出版社）是部單行本三十五集的大作，雖然主題並不是性暴力，但有重要登場人物強暴未遂的篇章，並在故事終局帶有重大意義。作者的描繪方式可以令人清楚明白，角色用強暴當作打擊厭惡女性的手段。此外《從漫畫看男孩子的「性」》（マンガでわかるオトコの子の「性」，暫譯，染矢明日香著，misukoso 繪，村瀨幸浩監修，合同出版）以簡明易懂的方式畫出重要的基礎性知識，是很容易吸收的全面性教育入門，推薦給大家。這本書也專門設有一章討論性暴力。除此之外，市面上還有各式各樣專門給小孩看的性教育書籍和漫畫。

在教孩子性暴力的觀念時，有三種大人的態度應該被視為反面教材，分別是：

①認為性暴力背後受害者也有疏失（強暴文化）

②將現實中的性暴力當作「色情題材」

③身邊出現性暴力也不出手相助

以下我將依序說明。

什麼是強暴文化？

大家聽過「強暴文化」嗎？由於這並非專門學術用語，可能沒有嚴謹的定義，但可以這樣解釋：「將性暴力視為平常，教人們『不被強暴』而非『不強暴』他人的文化」。是女性主義大約從一九七〇年代開始使用的詞彙。

每當發生性暴力有人說出「誰叫他要穿那種衣服」、「誰叫他單獨跟對方喝酒」等譴責受害者「疏失」的言論時，聽起來彷彿就像在批評受害者面對無可奈何的天災疏於防備的樣子。將性暴力當成像天災般「平常」的事，認為受害者必須做好應對措施避免受難就是強暴文化。

儘管是受害者不情願的性行為（不限於性交，也包含觸碰性器官、胸部等私密部位以及言語上的性騷擾），卻不將這件事視為性暴力，極力批判主張受到性侵害的女性：「是不是穿得太暴露了？」、「兩個人單獨喝酒被當作同意上床也是沒辦法的事。」、「是仙人跳嗎？」這種現象頻繁的社會便可以說是擁有強暴文化。

我認為，日本的強暴文化滲入得非常透徹。由於變得太像日常的一部分，人們很少意識到這件事。我甚至覺得現實中無論男女，要完全不受強暴文化的影響長大是天方夜譚。每當孩子聽見批判受害者「疏失」的言論，都必須積極地告訴他們「這樣說很奇怪」。

將現實中的性暴力當作「色情題材」的人們

有些人，看待現實中發生的性暴力就像在看色情內容，將其當作取樂的性對象。

當我還是司法修習生時，每次到刑事庭都會發現有專門鎖定性犯罪案來旁聽的男人。刑事庭有許多旁聽機會，對此抱持興趣的人之中有一群人是「性犯罪旁聽迷」，我認為這是大家普遍知道的一個事實。一部分的人或許是為了研究，但大部分的人都是為了「享受」現實中性犯罪案件的具體內容而來的吧。

由於日本憲法規定審判必須公開，任何人都可以旁聽，無論旁聽者內心存有什麼目的，都不該限制旁聽。然而，受害者身負嚴重的創傷卻要接受毫無瓜葛的第三者帶著「性趣」的眼光，「備受期待」，承受另一層痛苦。為了「享受」他人性暴力的傷害而參與旁聽，就只是一種二次性侵害的思維。

另一件也還是司法修習生時發生的事。同期的男生以開玩笑的口吻說「性犯罪受害者的筆錄真是最精采的A書」，讓我嚇了一跳。我馬上回他：「我認為受害者沒辦法接受被人這樣說。」對方像是突然驚覺般露出愧疚的表情。那個男生平常絕對不是會有性別歧視言行的人，我們感情也很好，所以我反而是因為發現「這個人原來也會說這種話啊」而感到很震驚。

念書時，我和班上的男生討論性暴力的話題時說到「性侵害受害者中也有男生」，結果對方露出別有深意的笑容說：「咦？很好啊。」我覺得他似乎不太理解我的意思便說：「意思是，在自己不情願的情況下被不希望的對象觸碰喔。雖然男性遭受性侵害的案例中有些加害者是女人，但幾乎都是男人，像是遭蠻力壓迫，或是面對一群人帶有性意涵的騷擾之類的喔。」對方馬上皺著臉說：「這種的我不要……」那個男生原本想像男性遭受性侵害的畫面大概是「性感的女人幹勁十足、強勢地壓過來」之類的內容吧。我當時想，原來他連想都不曾想過自己被迫接受性接觸的狀況。

性暴力傷害中，電車色狼特別會被當成是「有點Ａ又很常見的事」。舉例來說，許多女性提到自己在電車上遇到色狼時曾被男性以興味盎然的表情問：「他是怎麼摸妳的？」我也有過這種經驗，由於當時那名男性的態度就像在講「黃色笑話」、「色情題材」一樣，在他心裡，性暴力傷害大概被扭曲成一種「色情話題」，輕描淡寫了吧。

這個現象不只停留在個人層面，只要看一看《何為痴漢？（註3）》（痴漢とはなにか，暫譯，牧野雅子著，etc.books）便能清楚明白大家認為這是個能在社會中光明正大談論的事。《何為痴漢？》蒐集了龐大的實例，介紹了日本報章雜誌

註3　日本將違背他人意願觸摸他人或是行為猥褻者稱為痴漢。

自一九五〇年代至今是如何敘述色狼的。像是有作家或音樂家在報章雜誌中語帶懷念地回顧自己曾有過的色狼舉止，記者在訪談中問被色狼騷擾的女藝人「舒服嗎？」等等。這種以娛樂角度敘述色狼行徑的報導在二〇〇〇年代的週刊中也看得到。

在這種言論中生活的女性，即使對色狼的騷擾感到強烈的痛苦，卻不太能建立「色狼是一種性暴力」的認知。當問卷調查問到「是否有遭遇性侵害的經驗」時，也有人回答「雖然沒遇過性侵害，但常常碰到色狼」。或是過了好幾年因為某個契機才察覺「我是不是其實每天都在承受性暴力的傷害？」

當然，國外的性暴力和性騷擾案件也層出不窮。然而，一般認為治安比國外都還好的日本社會，卻在電車等地方特別容易出現色狼，這種不平衡在外國人看來應該顯得很詭異。像是英國政府在國民出國時給予建議的網站中對日本的描述是「犯罪率低、夜晚外出或使用大眾運輸工具都很安全」，卻也同時警告「不過，在通勤時間的電車裡經常會有人對女性做出不適當的接觸，痴漢（英文原文中寫了日文的痴漢拼音「chikan」）行為頻繁。」（☆6）

記者治部蓮華（治部れんげ）表示自己有多名在日的外國友人對日本的色狼問題感到憤慨，舉出他們甚至覺得：「日本如果不認真應對性犯罪的話，外國人會漸漸不想來這個國家。協助受害者、治療加害者，為了消除社會上的色狼和性犯罪，必須持續討論這些問題。」（三十多歲的臺灣男性）治部蓮華也指出「包含電車之狼在內，性暴力是人權的重大問題，此外，如若放任現狀不管，也會損害國家的利益。」（☆7）雖然是「治安良好的國家」，但女生在電車裡遇到色狼卻是家常便飯。此外，對於色狼這樣的性暴力，甚至將「暴力」的部分隱形，當成一種只強調「性」的色情題材——日本的這種現況絕非「理所當然」。

忽視遭遇色狼的受害者或是即使發現也沒伸出援手的大人

對孩子而言，只能說是反面教材的大人態度還有一種，就是不願注意身邊遭遇色狼的受害者，即使發現也沒有伸出援手。

為十幾歲青少女進行公益活動的社團法人 Colabo 代表仁藤夢乃，公開了自己在山手線內偶然目擊到色狼對小女生出手，插手幫忙的經驗。據仁藤夢乃所說，當時車內有名獨自搭車的小女生大約六歲左右，一名男子讓小女孩坐到自己身旁，觸碰她的身體。仁藤夢乃發現後馬上坐到男子和小女孩的中間保護小女孩，並用LINE聯絡夥伴，請夥伴聯絡警察。期間，男子仍然一直看著小女孩，露出不懷好意的笑容喃喃自語「好可愛喔」。儘管周圍似乎也有幾名乘客注意到這件事，車內卻沒有人願意幫一點忙。

電車即將到站時，仁藤夢乃牽著小女孩的手跑向附近三名看似上班族的男性身邊開口說：「那個人是色狼，可以幫忙抓住他嗎？」但對方以「呃，我們等一下還有工作要做」拒絕了。在電車開門的瞬間，仁藤夢乃才剛向另一名男性開口：「那個人是色狼，請幫忙抓住他！」色狼男子便衝向月臺，發出怪聲逃跑。儘管仁藤夢乃不斷大喊「有色狼！請抓住他！」男子還是成功脫逃了。

以下引用仁藤夢乃的文章：

「車裡光是我們附近就有二十到三十名乘客，其中有幾個人明顯注意到我們了。他們應該有看到小女生被騷擾，我去幫忙。新宿站的月臺當時應該有將近一百人。然而，察覺狀況，願意去追那個男子的只有兩個男人和一個前天才剛來東京的二十三歲女生。」（☆8）

仁藤夢乃在社群網站上的這篇文章，有超過兩百五十人寫下共鳴如「我也有過相同的經驗」、「我想到小時候遇到色狼的事了」。仁藤夢乃歸納這些聲音，有大量的人寫到「我也遇過一樣的事，但果然沒有任何人願意出手幫忙」。

我大學時有一次坐在電車上，也目擊過一名男子摸起了站在我面前的女性。

那名男子人高馬大，散發一股壓迫感，從一上電車就很明顯行為可疑。我因為害怕自己出聲制止，便對身旁一名大約與我父親年紀相仿、在睡覺的男性說：「不好意思，那個人很奇怪，可以請你幫忙那個女生嗎？」那名男性睜開眼說了句「咦？唉，嗯……沒事啦」敷衍後，不願幫任何忙。正當我心急如焚時，色狼男子注意到我便離開了，但我整顆心臟劇烈狂跳不已。要是現在，我會自己站起來按下車子的緊急通報鈴，但當時卻沒有想到。

性暴力傷害有各種形式樣貌，特別是電車之狼在都市真的是屢見不鮮。有不少女性回憶自己國、高中時「每天都遇到色狼」。在四周充滿人群的環境裡發生性暴力卻沒有任何人出手幫助，這種狀況怎麼想都不正常。如同仁藤夢乃和我的經驗，有些人即使收到求援也無動於衷。

二〇二〇年一月，大阪地下鐵的月臺在大白天發生了一起十多歲的女子遭陌生男子強制性交的案件。我希望，對於女性近在身旁的恐懼——性暴力，男人也能感同身受，對周圍付出更高的關注，也希望孩子長成能做到這一點的大人。

男性的自發行動

有一部分的男性已經充分意識到我目前所寫的這些問題，也有「拒絕暴力、男人自發動起來！」這類的團體。

一九九一年加拿大展開的「白絲帶運動」就是以男性為主體，致力於撲滅暴力的運動。運動的起源，是因為一九八九年，一名二十五歲的男子於蒙特婁大學內高喊反對女權擴張，殺害了十四名女學生後自盡的案件。男子類似遺書的手扎裡，將自己人生不順遂的原因歸咎於女權擴張，寫下對提倡這種論點的女性惱羞成怒的內容。

二〇一二年，白絲帶運動在日本從神戶展開活動，二〇一六年四月成立社團法人「日本白絲帶運動（WRCJ）」。WRCJ網站上有這麼一段話：「性暴力、家暴、各式各樣的性騷擾……消除暴力的關鍵之一在於，由沒有將這些行為視為暴力的多數人，尤其是容易認為這些問題『與自己無關』的男人們自發行動，解決問題。」我深有同感。過去，日本社會的這一塊實在過於匱乏。

但願，未來的男孩們不只是不會成為加害者，還能長成會自發行動，消除性暴力的大人。

☆1 根據法務省《犯罪白皮書》（平成三十年版）的調查，依強制性交罪逮捕者有九百一十人，其中女性四人（〇・四四％）。強制性交罪認定件數為一千一百零九件，女性受害者有一千零九十四人（九十八・六％）。依強制猥褻罪逮捕者有兩千八百三十七人，其中女性九人（〇・三二％）。強制猥褻罪認定件數為五千八百零九件，女性受害者有五千六百零九人（九十六・六％）（皆為平成二十九年的統計資料）。雖然也有統計沒有顯示出來的黑數，但性犯罪加害者以男性占壓倒性多數，受害者絕大多數是女性是顯而易見的事實。

☆2 日本律師聯合會「律師會兒童人權相關諮詢窗口一覽表」：https://www.nichibenren.or.jp/legal_advice/search/other/child.html

☆3 齊藤章佳（二〇一七）。痴漢心理學（第六十六頁，墨刻出版）。EASTPRESS。

☆4 #WeToo Japan（二〇一九年一月二十一日）。公共空間性騷擾行為實況調查。取自：http://7085aec2289005c5.main.jp/assets/doc/20190120_harassment_research.pdf

☆5 男女暴力相關調查（平成二十九年版）【https://www.gender.go.jp/policy/no_violence/e-vaw/chousa/h29_boryoku_cyousa.html】內閣府男女性別平等局。

☆6 "Reports of inappropriate touching or 'chikan' of female passengers on commuter trains are fairly common.,” Foreign travel advice: Japan。取自：https://www.gov.uk/foreign-travel-advice/japan/safety-and-security。加拿大政府的網站（https://travel.gc.ca/destinations/japan）也有同樣的記述。

☆7 治部蓮華（二〇二〇年三月二十日）。「日本痴漢問題很詭異」震驚住在日本的外國人。FRAU。取自：https://gendai.ismedia.jp/articles/-/70697

☆8 仁藤夢乃（二〇一八年八月九日）。「遇到性暴力時該怎麼辦？」imidas。取自：https://imidas.jp/bakanafuri/1/?article_id=l-72-001-18-07-g559

第五章 思考產生誤解的表現手法

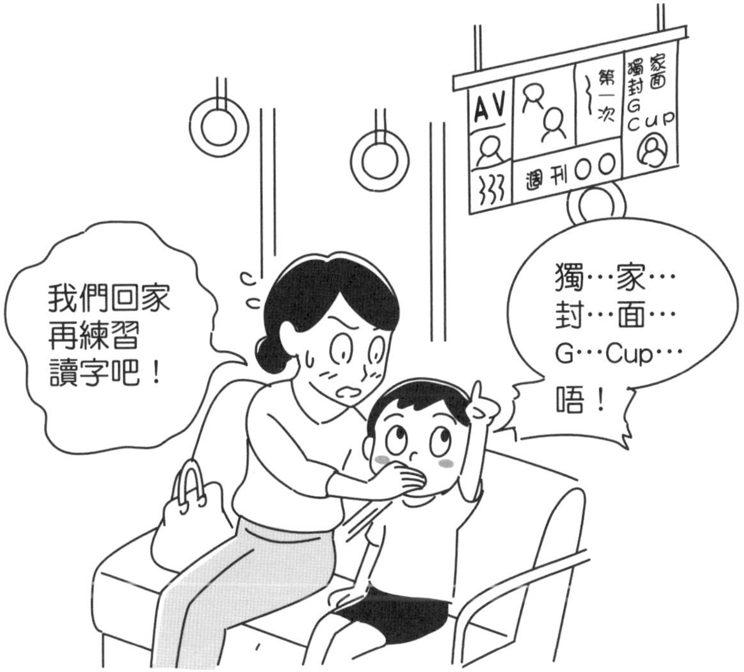

電視、雜誌、網路等媒體中刻劃女人與男人關係的方式，帶給我們各式各樣的影響。對今後準備成為大人的男孩而言，這些媒體的表現方式有些有助於他們適當理解性別歧視與性別暴力，也有些可能會妨礙他們正確理解，令人介意。

本章，我將針對媒體上那些或許會讓男孩產生誤解、令我介意的表現手法分享自己覺得有問題的地方。

從「成為色情」中「感覺色情」

首先，我想先探討我們的「性欲」究竟是什麼做為前提。「性欲」真的如同大家所說是「自然的本能」，「無法用理性控制」的東西嗎？

姑且先不論個人差異，性欲是人類伴隨成長、於青春期左右萌生的欲望，所以是再自然不過的生理現象（世界上也有人沒有性需求，稱為「無性戀」）。然而，人們會對性愛對象的哪一部分心動，受社會文化一定程度的影響。村瀨幸浩剖析性欲的本質說：「所謂的性欲不是本能，而是文化。因此，正確完善的性教育才日漸重要。」（☆1）

這句「性欲不是本能，而是文化」是很重要的關鍵，我再稍微具體說明一下。例如，當今社會裡，人們認為女人的乳房會引起性興奮。實際上，寫真海報等刊物不但經常強調女人的大胸部，還將「G罩杯身材」當作賣點吧？許多青春期的男孩應該也有對女性突出的胸部感到臉紅心跳的經驗。然而，江戶時代的春畫（描繪性愛的繪畫，簡單來說就是當時的色情圖片）並沒有特別將女人的乳房畫成勾起性興奮的部位。不論大小或形狀，乳房似乎根本就不是眾人所認知的「性感部位」。當然，或許也有一部分的人認為乳房很性感，但對當時大多數世人而言，乳房是個「看了也不會特別興奮」的部位。「看到乳房會性興奮」成為日本社會的主流或是「稀鬆平常」，意外的是最近的事。

性興奮除了有觸碰陰莖這種因物理性刺激而引起的生理興奮外，還有一種是看見、聽見什麼，對那種形象感到興奮。

至於人們會對哪種形象感到興奮，有一面當然是看個人天生的興趣嗜好，但也有很大的一面是受到社會中被定位為「這是勾起性興奮的東西」的特定象徵（「符號」）影響。兩者的界線很難判定，但無論如何，性興奮也包含了「社會創造的性欲」這點都不會改變。意即，人們也會對「符號」感到興奮。

這是在討論性教育和性的表現方式前必須先了解的事實。也就是說，人們會覺得什麼東西很「色」，不只是因為「自然的本能」，有一方面也是因為「社會賦予那樣東西『色情』的性意涵，在接收到這樣的訊息後而『感到色情』」。

我介意的是，生活中有時（經常？）會有些令我感到不安的東西，心想著「把這個當成『色情符號』嗎？」此外，雖然內心覺得什麼東西很「色」屬於個人自由，但社會上容許基於那些想法的何種行為，將其視為常識，便是「文化」的問題。「文化」並非一成不變，會在時代、社會風氣變化中更新。

接下來，我就具體寫出我所介意的是哪些「文化」吧。

異性戀男性的性欲受到特殊待遇

性欲是男女皆有的欲望。不過，社會對男人的性行為和女人的性行為經常有不一樣的態度。儘管這點根據時代和地區而有所不同，但現在日本主要的傾向是相對肯定男人（其中的異性戀男性）的性欲，另一方面，女人的性欲則不太能公諸於世。這甚至不用刻意，而是自然而然形成的現象。

或許有人會反駁：「不不不，男人也沒有那麼明目張膽地對外展現自己的性欲啦。」那麼，為什麼電車裡的懸吊廣告和超商、車站商店擺的雜誌封面上都刊登著年輕女性身著泳裝的性感寫真或插圖呢？大部分的聲色場所提供的都是為異性戀男性量身打造的服務，這是理所當然的嗎？

明明女人也有性欲（也並非所有男人都是異性戀），公共空間卻只充斥著勾起異性戀男人性興奮的照片或服務，絕不是件「很自然」的事，其中的不平衡是不容否認的事實。

若非只有異性戀男性的性欲擁有特權地位，車站商店裡應該也會有主打女性客群，刊載著性感裸男的色情雜誌和女同志、男同志的專門雜誌才對。我不是說商店應該這樣，而是解釋從實際上並非如此可以明白異性戀男性的性欲特殊待遇。

日本社會裡，異性戀男性的性欲以及被視為基於這種性欲的行為都獲得了特殊待遇。不只限於日本，當今的社會就是這樣的「文化」。

就像這樣，即便性欲本身是類似生理現象的一種欲望，但其所外顯的性行為和人們在社會中採取的應對態度，都深受社會文化影響。

那麼，如今日本社會中的主流、以異性戀男性視角為中心的性文化，存在著什麼樣的問題呢？

深入日常生活中的性別歧視和性暴力表現

直至一九九〇年代，在小孩也能觀賞到的黃金時段搞笑電視節目中，仍若無其事地播出女人赤裸的胸部，將其視為「性感畫面」。二〇〇〇年代以後，這樣的情況總算是漸漸消失，社會意識朝良好的方向更新。不過，這代表現在五十歲以上的人在他們的孩提時代，電視會習以為常地播出女人的乳房，想想，其實是距離現在很近的事。

若說最近是否完全沒有這類節目了也並非如此。二〇一八年夏天，日本電視臺播放的《24小時電視》中，女模特兒和搞笑藝人以上半身T恤，下半身比基尼泳褲的打扮進行「屁股相撲」，攝影棚裡的男藝人則看著她們的模樣說著「那個屁股的形狀很好」云云，品頭論足。

此外，二〇一九年一月，富士電視臺系列的《志村健之笨蛋殿下》中，有一段「人肉棉被搞笑短劇」，四名穿著泳裝的女性橫躺在地，由已故諧星志村健扮演的笨蛋殿下則將她們當成床墊躺在上方，接著又有四名泳裝打扮的女生以棉被的設定趴在志村健上方。這種不合時宜的表演方式有些讓人難以置信，令我的心情一片黯淡。

我這麼說或許很容易招來「那是在搞笑啊」、「不懂笑話」的批評。但正是因為用搞笑的形式容易讓人不當一回事，我才覺得更嚴重。

此外，企業和政府機關的電視廣告和海報等宣傳內容，由於會反覆播放或是張貼在公共空間，也會對人們的意識帶來強烈的影響。因此，關於廣告內容中女性與男性的刻劃方式從以前就經常引發爭論。經歷這些爭論後，若以幾十年為單位來看的話，感覺整體社會變得比較沒有性別歧視，漸漸往更好的方向改變。

帶有性別歧視描寫的廣告為何會引起撻伐？

儘管如此，近年來仍然經常出現廣告遭到「撻伐」的爭議（☆2）。這類「關於性別歧視、有問題的表現手法」大致可分為兩種。

第一種是強調女性身體性意涵，單方面將女性描繪成性對象的方式。像是因為女藝人的性暗示手法遭到強力批判的宮城縣觀光推廣影片，或是大量使用性譬喻的 SUNTORY 酒精飲料廣告即屬這一類。另一種是性別分工僵化、以雙重標準評價男女，尤其著重刻劃女人外貌和年輕的性別歧視內容。例如彷彿認可職場同事間拿女生外貌來八卦、開玩笑的 LUMINE 與資生堂的電視廣告便是這個模式。

我一直很擔心的是，在便利商店、電車、車站商店等任何人都會出入的公共空間裡，大量充斥著第一類這種特別極端強調女性胸部或屁股等性部位的寫真或插畫。當然，在個人空間私底下享受這種表現手法的東西沒有問題，但在孩童可以輕易看到的公共空間中擺放這樣的內容就另當別論了。

即使廣告中只有插畫、沒有真實人物，性別歧視的表現手法也還是有問題。近來，地方縣市政府等公家機關採用「萌系插畫」的海報廣告，屢屢被批評有性別歧視。

使用「萌系插畫」這件事本身並沒有問題，有問題的是部分萌系插畫運用與推廣內容無關、強調女性身體性意涵的畫法以吸引群眾目光，或是直接複製刻板的性別分工概念等，表現手法中帶有性別歧視。然而，有些不理解問題在於性別歧視的粉絲誤會「因為是萌系插畫才會遭到批評！」，經常攻擊質疑這些內容的人。

我認為，一個成熟的社會，大人有責任思考公共空間中該如何描述「性」，以免孩童形成傾向性別歧視的價值觀，或是對性暴力產生誤解。遺憾的是，感覺現在的日本還在邁往成熟的路上。養育小孩時，很多事情必須在意識到這個現狀的前提下思考。

將厭惡的表情描繪成「色情」的危險性

有件事情我特別介意，那就是將女性描繪成性對象的作品中，有不少女性表現出顯然厭惡的神情。「強暴系」、「痴漢系」等明明白白是性暴力的內容也自成A片的一個類別。其中，經常有「雖然是強暴，但女性從途中開始得到快感，興奮起來」的描寫。

另外，由於孩童無法理解性行為的意義，其對「性關係的同意」是不被認可的，因此所有對孩童的性行為都是性暴力。雖然內心對孩童懷有性欲是個人自由，但即便現實中沒有受害者，行為中也不能毫無節制地將這種性欲表露在外。

這不是說完全不能製作、觀賞以性暴力為色情題材的娛樂作品。我認為，性癖好在內心的範疇內都是個人自由，只要製作、流通、觀賞的過程不會侵害到他人的人權，能掌握時間、地點、場合的分寸，就不會成為被批判的對象。

不過整體社會需要注意，不要讓幾乎沒有受過性教育、性知識不完全也不知道什麼是性暴力的小孩看到這樣的內容。而現狀看來，日本社會很難說有這樣的共識。

基本上，很明顯是成人內容的東西會有年齡分級（像是避免放在未成年孩童看得到的場所等一定的考量）。然而，即便是以小孩為目標受眾的非成人取向內容，其中也不乏穿著暴露的女性一臉不情願、泫然欲泣的插圖，或是長相如孩童般稚嫩，胸部和屁股卻被畫得極端巨大的角色。即使是少年漫畫雜誌等刊物也將這種畫法視為常態，以外國人的角度來看應該覺得非常詭異吧。

將「對方討厭性接觸」這件事描繪成性興奮的對象，也就是賦予性暴力「色情」的符號為什麼有問題呢？因為，這麼一來，便有可能形成小看性暴力的價值觀。若非對女性的人格尊嚴遲鈍無感，是不可能將對方厭惡的姿態當成「色情」來享受，認為虐待肉體的行為是性愛的附屬品吧？在消費這類內容的過程中，對於引發自己興奮的那種行為其實是「暴力」這件事是否會感到麻痺呢？這是令人不安的地方。

只要能區分現實和虛擬的界線就好？

話雖如此，受創作影響以至於現實生活中對他人施展性暴力的人應該極為少數吧。我並非武斷認為「觀看表現手法有性別歧視或是以性暴力為一種娛樂這類內容的人，就一定會有性暴力或性犯罪的舉動」。A片是A片，遊戲是遊戲，一定也有人能和現實做出區別，只是將它們當作虛擬的內容。我沒有譴責個人興趣嗜好的意思。

然而話說回來，和虛擬內容區分開的「現實中的性」是什麼樣的東西呢？我們很難說在這個社會中成長的年輕人擁有充分的機會接受性教育，學習這項知識。在這種社會狀況的基礎下，「只要能區分現實和虛擬的界線就好」的論點有多少說服力呢？觀看虛擬內容的觀眾，其實並不知道「現實」是什麼。唯有正確理解「現實」，才有將「虛擬」當成虛擬來享受的識讀能力，在沒有接受完整性教育的狀況下，那樣的識讀能力有多少呢？

實際上，村瀨幸浩大學課堂上的男學生中有人寫下感想：「我從前以為強暴大概就是做愛的一個種類。」（☆3）即使不到這種地步，但那些虛擬內容大概普遍影響了觀眾，使觀眾變得難以理解性暴力的嚴重性。

我所知道的某件輪姦案中，加害者做出這樣的供述：「我們綁架來強姦的女生摸了幾乎沒有反應，也沒有性興奮的樣子，很沒勁，很掃興。」他們原本認定，即使是強姦，對方也會性興奮。雖然我們很難證明這些加害者是受什麼影響而形成這樣的迷思，但推測「因為過去接觸的性相關作品有這樣的描寫而學起來」絕非穿鑿附會。即使不是犯罪，但男人做愛時「顏射」或是要求對方喝下自己精液的這些事，應該有受到A片的影響吧。

此外，這個社會存在相當多的性暴力受害者和恐懼性暴力的人。考量到他們看到這些表現手法時的心情，將性暴力描寫當成「色情題材」、樂在其中的行為便應該嚴格掌握時間和場合的分寸。那種幾乎沒有分寸、旁若無人的舉止，在推特上感覺尤為明顯，令人介意。或許，這也是受到把性暴力當成「色情題材」的娛樂內容影響，在消費中感覺麻痺了吧。

世上存在著覺得性暴力「很色情」的人無可奈何，不過，在哪裡、怎麼處理「覺得性暴力『很色情』」這件事是社會文化的問題。至少，孩童在性方面尚未擁有足夠的識讀能力辨別虛擬和現實，當內容是以這樣的孩子為受眾時，一個大人為性暴力標上「色情符號」是不負責任的行為。內容製作者和販售內容的生意人都應該對自己發出的訊息所代表的意義和危險性有所自覺，消費者也該更積極表達，喚起他們的注意。

如果，現在的日本是個徹底實施性教育的社會，人們都有性暴力對受害者帶來的影響有多深遠的常識，或許就不用這麼介意這類型的表現手法了。然而，如同我再三所述，日本當今社會的性教育過於貧乏，社會中處於有責任地位的大人也幾乎沒有受過完整的性教育。許多大人表示「性愛的東西感覺差不多就是透過電視、雜誌來理解」，而那些電視、雜誌的資訊都沾染了強暴文化。

這麼一想，在孩童也能看到的插畫或漫畫中或是沒有年齡分級的空間裡，毫不介意地持續發送訊息——把對方厭惡的姿態當作「色情」、「勾起性興奮的東西」果然有問題。我認為，製作孩童觀賞內容的人應該負起社會責任，思考這個問題。

靜香的入浴鏡頭「很溫馨」嗎？

我再稍微說些孩童觀賞內容中令人介意的部分。在兒童看的動漫裡，性別歧視或是homophobia（恐同）的描寫會以相對輕鬆的方式摻雜其中，令身為母親的我感到擔憂。

舉例來說，兒童動畫中，講話方式「很娘」，動作嬌滴滴、軟綿綿的角色或是男扮女裝的行為等，經常被當作搞笑橋段，孩子們也覺得有趣，跟著模仿。但這是否會助長對現實中性少數者的歧視和偏見呢？

二〇一七年，富士電視臺在節目中播放了一段搞笑短劇，由藝人扮演「保毛尾田保毛男」這個諷刺同性戀的角色。這段重現九〇年代家喻戶曉短劇的演出遭到各方批評，被認為是令人難以忍受的歧視表現，富士電視臺事後向大眾道歉。這件事讓人感覺到，儘管二、三十年前媒體嘲笑、侮辱性傾向及性別認同（SOGI）的表現手法是家常便飯，但現在的日本已經建立起不允許這種歧視的常識。

儘管如此，在孩童觀賞的動漫裡，至今仍有大量將「娘砲」角色做為笑點的場面。每當兒子們看的動畫中出現那樣的角色，兩人被逗笑時，我總會一臉認真，不帶笑容地告訴他們：「媽媽覺得一點都不有趣，這是很沒禮貌的表現方式。」

此外，一些在沒有性元素的兒童內容中，若無其事穿插的性描寫有時也令人在意。

像是《哆啦A夢》中，大雄偶然看到或是差點看到靜香的入浴場景和裙下風光時，會喜孜孜地說：「好幸運！」儘管和以前相比，動畫做出了改變，降低了這種場面的頻率也沒有直接播出裸體，卻也不是完全消失的樣子。這些場面沒有劇情上的必要，只是單純做為「有點搞笑的橋段」放進來這點便是問題所在。

現實生活中，即使對方是「不小心」，讓人看到內褲或是入浴中的模樣對女生而言都是非常不愉快的記憶，也可能對內心造成深刻的傷害。描繪這麼嚴重的狀況卻定位成「搞笑」或是「溫馨的橋段」，是否有輕視性侵害的感覺呢？

我這樣講，一定會有人扭曲我的意思，認為我好像主張「因為看了《哆啦A夢》，出現很多現實生活中偷看女生洗澡的男生」一樣，加以批評。但我並非這個意思。只是，這種表現方式輕視性侵害是事實，我的意思是，這有可能對觀眾的價值觀造成某種程度的影響。

雖然在這樣「有點色色的」場面後，靜香會滿臉通紅，甩大雄一巴掌，大罵：「大雄是色狼！」但這樣就結束了。之後馬上又會出現兩人一起玩耍的場景（長大後甚至還結婚）。如果說「這是漫畫啊」的話就沒什麼可說的了，但這種表現手法果然有種將「被偷看／差點被偷看裙子」這種對對方而言確實是性侵害的行為輕描淡寫的感覺。其中難道沒有以「不是故意的所以沒關係」、「男孩子調皮搗蛋惡作劇，很有趣」這種藉口免責的意涵嗎？我認為，創作者必須意識到自己畫的會成為這樣的內容。

儘管有時會有這些令人在意的內容，但現實上不可能完全不讓孩子看那些節目或漫畫（因為會在朋友家看到之類的）。也因為這樣，目前只要是一般的電視節目或是被歸類為兒童內容的作品，我基本上都不會限制孩子收看。不過，我會跟孩子一起看。如果出現令人介意的場景，就一定會告訴他們我為何介意。我只能靠這樣培養孩子自身的思考和媒體識讀能力。

當兒子看的電視節目中出現令我介意的場景時，我大概會這樣跟他們說：「我希望你們不要覺得這樣子很好笑。拿這種事當笑點的大人是不對的。實際上發生這種事的話女孩子會很受傷，是不能做的行為，不能拿來開玩笑。你們以後會長大，我希望你們能明白這件事。」

看到我這麼說，也有人會表示：「看《魯邦三世》不會變成強盜，看《名偵探柯南》也不會變成殺人犯。」但這個社會對待強盜殺人和性暴力的方式並不一樣。什麼樣的行為是強盜、殺人，對大部分的人而言是常識，都能理解。因此，即使《魯邦三世》裡帥氣的強盜場面令人看得津津有味，也不用擔心小孩會認定「實際上也可以這樣做」吧？另一方面，如同我在第四章所寫，這個社會還有人將實際上的性暴力當作色情題材，問被害者「舒服嗎？」整體社會對於「那種事就是性暴力」的認知還在發展階段，連大人的意識都很淺薄。若以這種社會狀況為前提，在「不知道孩子是否正確認識何謂性暴力」的前提下，對於讓小孩子看會誤解性暴力的內容素材這件事，大人必須謹慎小心。

「性描寫」沒有錯，問題是「把性暴力當作娛樂的描寫」

雖然也有人誤會我，但我認為孩子對性有興趣是很自然的一件事。如同我在第三章所寫，從小開始實施全面性教育是攸關兒童人權的重要問題。因此，我並不是說小孩應該遠離任何跟性相關的內容。

我注意的是，製作的大人「在孩童也會看的內容中」，「將什麼場景」描繪成「有點色的場景」。換句話說，就是以孩童為受眾的內容裡，將什麼東西標上「色情符號」。

至少，我希望在給兒童觀看的內容裡，不要將性暴力標上「色情符號」。如果需要描繪性暴力，就該描繪出「性暴力的樣子」。

回應兒童對性的興趣所插入的橋段或描述，應該有各種呈現方式吧？儘管如此，在眾多選擇中，卻將「女孩子非自願讓人看到裸體或裙底」的狀況定位成「有點色的搞笑橋段」是否恰當呢？明明可以想出其他狀況或設定，「異性戀男生的角度，加上女孩子在非自願的情況下被看到帶有性意涵的姿態」實際上是機率非常低的狀況設定。這到底是為了什麼而存在的橋段？為什麼不能設定成其他場面？是作者認真思考後的結果嗎？

如果想加入「性感」元素的話，我真心認為，能不能放些女生沒有感到丟臉、討厭，主動對性接觸表示興趣，感受快感的場面，或是主動裸體的描寫呢？為什麼靜香不能主動對性有興趣呢？或許有人會說：「這樣夢想就破滅了。」但那是誰的「夢想」？又是對誰抱有的什麼夢想呢？

《哆啦A夢》也是我從小就喜歡的作品，還會去電影院看長篇系列。我認為這是部優質的兒童動畫，也有讓兒子們看。然而，在這樣以整體而言是部好作品的故事中，卻隨意插入了不知是否可以給孩子看的畫面，就像直接面對了深植在這個社會中的女性歧視一樣，令人感到無力和疲憊。

媒體生態可以改變

「女子行動會」是個於一九七五年至一九九六年間活動的團體。這個團體因聯合國以提升女性地位為目標，訂定國際婦女年（一九七五年）而生，最早的名稱為「因國際婦女年展開行動的女子會」。

女子行動會向女性歧視相關的各種議題提出疑問，並透過具體行動讓企業改善媒體宣傳中的性別歧視。

其中較為知名的，是對泡麵廣告中的臺詞「我（女）是做的人，我（男）是吃的人」向好侍食品提出抗議，認為該句廣告詞「強化刻板的性別分工」。最後，這支廣告以「公司將推出新商品」的形式下架了。

最近，也發生了令人想起這起過往案例的事件。雜誌《週刊 SPA！》在二〇一八年十二月二十五日當期週刊裡做了一篇橫跨六頁的特輯——「很好把！『請女生喝酒』實況轉播」。這篇報導中有個「好把女大生排行榜」，擅自做了一個「好把」，也就是「容易上床」女生多的學校排行，並具體介紹學校的名字。這篇報導在社群網站上流傳開來，引發撻伐，認為「這就是輕視女性」、「外表、服裝、學校並不代表同意發生性關係」，網路聯署抗議獲得大量支持。

不過，這件事的後續展開令人眼睛為之一亮。幾名在聯署抗議活動中擔任核心角色的女大生前往《週刊 SPA！》編輯部，傳達抗議的主張，和編輯部對話。根據報導，席中編輯部的人表示：「我們一直把焦點放在『要賣、要賣』這件事上，感覺都麻痺了。編輯部裡雖然也有女生但沒有參與這篇報導，雜誌也就在無人提出疑問的狀況下出版了。」、「我們喜歡女性，卻在報導中出現物化女性的觀點，會希望反省這一點。」大學生方則建議編輯部：「之後要不要做個關於性同意報導的企劃呢？」成功達成一段有建設性的談話。

許多人即使被指出表現手法帶有性別歧視，也是搬出各種藉口不願承認，或是惱羞成怒大喊：「侵害創作自由！」在這樣的背景下，媒體坦率認錯，雙方甚至成功交流意見，談到今後的改善方式。這次事件堪稱典範，證明我們能藉由出聲漸漸改變媒體的性別歧視。

就像這樣，當既有媒體的表現手法有問題時，只要出聲，也會有機會改變。我希望，當感覺「孩子接觸這種性別歧視的表現有礙成長」時，大人能夠發聲，盡可能為孩子生活的社會環境減少性別歧視的元素。

☆1 清田隆之（二〇一六年七月二十一日）。「我以為強暴也是做愛」……七零八落、讓男生誤解的自民黨政治性教育。WEZZY。取自：https://wezz-y.com/archives/32936

☆2 近年因性別歧視描寫遭到撻伐的電視廣告例子：
LUMINE（二〇一五年三月）。男主管對女下屬說其他女員工「很可愛」、「妳跟她的需求不一樣」等，因為毫不在意地肯定職場中要求女性外觀亮麗的文化而受到批判。
SUNTORY啤酒「頂」（二〇一七年七月）。廣告設定為上班族在出差地點和認識的美女一起喝酒，因為廣告中女性「出了好多肉汁喔～」、「喔喔！好爽！」等令人聯想性行為的露骨言詞受到批判，取消播放。
嬌聯尿布「moony」（二〇一六年十二月）。廣告中真實描繪出母親剛生完孩子，一個人獨自照顧嬰兒的姿態，遭批評是否在讚揚本該視為問題的喪偶式育兒。
☆3　同☆1。

與小島慶子（藝人、散文作家）談

「身為母親，能向兒女傳達什麼呢？」

小島慶子　Kojima Keiko
生於一九七二年，大學畢業後，成為 TBS 主播。一九九九年，榮獲銀河獎ＤＪ主持人獎。二〇一〇年離開電視臺，成為活躍的藝人、散文作家。著有《解縛：母親之苦、女人之苦》（解縛母の苦しみ、女の苦しみ，暫譯，新潮社）、《幸福結婚》（幸せな結婚，暫譯，新潮社）、《Horizon》（ホライズン，暫譯，文藝春秋）、對話集《永別了，騷擾！》（さよなら！ハラスメント，暫譯，晶文社）等多本作品。

太田：小島小姐有兩個兒子，現在和家人一起住在澳洲伯斯（Perth）對吧？

小島：是的。我主要都是一個人來日本工作，家人的生活據點在澳洲。我的生活模式是常常從「外出工作」的東京回到家人身邊。

太田：這幾年大家似乎都很關注性教育的話題，電視資訊類節目或女性雜誌也經常做這樣的特輯。其中，感覺也有越來越多人介紹跟男孩子的性有關的話題或是男性學的觀點。

每次看到這種變化我都會想，在消弭根深柢固的性別分工概念這點上，大家或許已經放棄父親或是丈夫這一代，將希望寄託在下一代身上了。雖然有些先生透過太太日常生活中不屈不撓的努力也有一定程度的改變，我實際上也聽過這種例子，但CP值實在太低了（笑）。我想，大家是不是覺得與其將精力放在改變先生的觀念，不如將有限的時間與精力轉向兒子們的教育，盡量減少下一代那些可能會成為他們伴侶的女孩的負擔。

小島：我最近完全就是這種心境。

移除被植入的性別分工概念

太田：我們父母親那一輩絕大多數的性別分工，都是「父親在外工作，母親是全職家庭主婦」，所以很難有讓兒子從男性特質中解放，自由成長的想法，「讓兒子能跟父親一樣工作賺錢」應該是很牢固的既定模式吧。

小島：是啊。許多母親也不認為這樣有問題。談論性別議題時我常常覺得，「女人是單方面的受害者，男人是加害者」這種單純的二元對立觀點並不好。

如果有一種迷因（文化基因）是父權制度下帶有性別歧視的男子氣概／女人味規範的話，女人也有無意識中成為傳遞者的一面。我認為，女人應該要對這點有所自覺。

其中最明顯的就是教養男孩的方式。我們母親那一輩的媽媽，也一直向兒子強烈灌輸「好好賺錢養家，生活上的事讓女人去做就好」這種男性分工的觀念，認為這樣是為兒子好。因為母親那一輩的人過去也只能那樣生活，所以我認為無法苛責她們就是了。

太田：沒錯。該說是時代的限制嗎，我也覺得責怪那一輩的女人太苛刻了，不過就結果而言，這種觀念深深詛咒著一個個兒子和女兒呢。即使是同一種性別分工概念，對兒子和女兒的影響形式還是不一樣。兒子乖乖地將這個觀念內化，長成一個「男人」，女兒則是被「學業和事業上的成功」與「身為女人的成功」兩種價值撕裂。

小島：如果要說媽媽們的真心話，應該是「希望自己的女兒不要成為男人的附庸，能獨立生活，但自己的兒子如果沒有某個女人好好服侍的話又很傷腦筋」。

太田：沒錯沒錯沒錯沒錯！這對承受的女兒而言，是種產生巨大分裂的願望吧。雖然這應該也是那一代受到壓抑的女人哀切的願望……

小島：雖然悲慘，但我們這一代必須將這個觀念移除。

太田：大概每一代的人都有自己的課題和功課，我們這一代的功課或許就是要移除上一代的人困住的詛咒，讓下一代的人自由吧。這種時候，男孩的教養方式應該會成為很重要的關鍵。

小島：很關鍵呢。

太田：為了好好教孩子，得做些過去缺乏先例的事，還不是從單純的平地開始，而是要一一檢查、隔離那些根深柢固在上一代或社會中的東西……得方方面面同時並行，眼觀四面，耳聽八方，忙得不得了（笑）。

小島：對啊。如果沒有明確意識到要移除什麼是辦不到的。現在男性學之所以受到注目，就是因為過去看起來沒有任何問題的東西一從性別的觀點來看，便會發現嚴重的扭曲。在這條路上，大家也來到了一個新階段，必須察覺到不只男人對女人，女人也有在無意識中壓迫男人的一面。

太田：我也這麼認為。這一、兩年有這種想法的人急遽增加，有種浪潮要來的感覺。

小島：男女雙方不是互打口水戰，責怪「哪邊有錯」，而是必須建立「我和你會變成這樣，是什麼造成的」的共識。

太田：由於有性別歧視結構這個共同敵人，為了對抗這個敵人，我們明明希望能和男人一起合作，有些人卻莫名將我們認定成敵人，展開攻擊（笑）。不過我發現，跟解開那種人的誤會所必須耗費的時間與精力相比，收穫並不多，所以只要做最基本的防衛就好，即使多少遭到攻擊也只將能量集中在培育下一代上面。

不要忽略「天真的性別歧視」

太田：育兒過程中，小島小姐聽過什麼讓妳在意的發言，以及有什麼回應嗎？

小島：我在家裡常常會叮嚀孩子不要有性別歧視的發言，但一到了幼兒園或學校，他們理所當然會沾染各種偏見回來呢。孩子幼兒園中班的時候開始會說：「粉紅色是女生的顏色吧？」上了小學後則是開始把「大嬸」當成罵人的話。孩子有天問我：「媽媽，妳不是大嬸吧？」我才明白孩子在外面學到把「大嬸」當成侮辱的字眼，心想：「機會來了！」（笑）

太田：（笑）

小島：我循循善誘，以小學一年級能理解的詞彙跟孩子說：「大嬸這個詞指的是一個人的狀態，媽媽也超過三十五歲了，所以算大嬸。不過，這是一種狀態，沒有什麼好與不好。可是，你以為『大嬸』是罵人的話對吧？為什麼呢？」、「年齡增加並不是壞事，但你用來罵人的話就等於在說，有年紀的女生比年紀輕的女生差喔。」

太田：好棒喔。

小島：上了國中後又來到了另一個階段，也就是開始被灌輸「把女人的性當成物品」的價值觀。有一次，大兒子的學校美術課有個作業，請學生以照片或物品拼貼創造出一個新作品。兒子給我看了他和朋友一起胡鬧的作品，他們在女性的胯下貼了一個射擊瞄準符號。兒子單純是在跟我分享他和朋友玩鬧的內容，但我還是仔仔細細地向他解釋：「我非常討厭這樣的行為。你們把女生的身體當成物品，覺得好玩，這讓我很不舒服，也很害怕。你知道在性器官的位置貼射擊瞄準符號代表什麼意思嗎？我覺得這是一種暴力、傷害女生尊嚴的表現。」

太田：他們是以很天真的心情這樣做的吧。

小島：沒錯。所謂的性別歧視偏見，就是能神不知鬼不覺地溜入天真無邪又沒有意識的地方，所以不能大意。

太田：一般來說，這種教育無法在體制內辦到，只能在每一次日常生活中蹦出發言或事件時馬上捕捉起來呢。時時刻刻張開天線便不能鬆懈，很累就是了。

小島：很累啊（笑）。不過也沒辦法。

太田：別無選擇對吧？

被指出偏見後能夠修正的勇氣

小島：還有一件事。我的小兒子念小學高年級的時候交了一個女朋友，真的就是那種兩小無猜的程度。小兒子跟我們說起這件事時，我先生說了句屁話：「啊～是那個女生啊。是你們班最可愛的女生對吧？你很了不起耶。」

太田：哇……（笑）

小島：讓人傻眼到不知道該從何罵起對吧？因為他用外表評論一個女生，再稱讚兒子得到了高級品，做得很棒。竟然給我在這種重要時期灌輸小孩「有害男子氣概」裡最糟糕的東西！我當著兩個人的面大發雷霆（笑）。不過，我先生感覺還是不太了解。

太田：（笑）。嗯……不過，大部分的男人好像都會覺得「咦？有哪裡不對嗎？」覺得這些事很「普通」吧。

小島：我覺得這不是知識的問題，大概跟面對軟弱的勇氣有關。成長過程中如果沒有經歷過被人點出歧視和偏見、趁早修正的經驗，成人後一旦遭到指摘便會受到異常的傷害，或是為了正當化自己，氣得臉紅脖子粗。

太田：會耶。這樣的人反應會非常極端，彷彿自己全部的人格都遭到否定一樣。明明只要改變出自歧視或偏見的那個行為就好了。

小島：有那種反應的話就沒辦法學習了。只要是人，都有可能受困於偏見，在無意識中傷害某人。如果能在成人前發現這件事，也就能學習要小心這樣的問題。如果從來沒有這種經驗，長大後突然被人點出自己的偏見，就會感覺像是遭受到什麼嚴重的攻擊一樣。

太田：尤其是跟性有關的偏見特別會這樣呢。這些人為什麼會這麼敏感呢……不過，我覺得妳即使跟伴侶碰撞，也持續傳達自己的想法這點很了不起。

小島：雖然我先生也有慢慢在改變，但進展實在太緩慢，我最近已經放棄了，把重點擺在切斷兒子們身上的連鎖影響。其實，我原本是希望由我先生自己跟孩子們說的。希望他能向孩子公開自己過去學到的偏見、幹過什麼蠢事，要孩子不要這麼做。

太田：要越過這道牆十分艱難呢。

小島：所以，我打算跟兒子們說，請從爸爸軟弱的那一面學習。

大眾媒體也出現變化的徵兆

太田：剛才妳說兒子拼貼的那件事也是，我們該怎麼排除那些包裝在娛樂與玩笑中的性別歧視和性暴力價值觀呢？雖說漫畫、遊戲、電視的笑點和連續劇的描寫跟古早時候相比已經有了大幅度改變，但某些地方的性別歧視還是根深柢固呢。

小島：真的是根深柢固。

太田：近年，像是富士電視臺重現的「保毛尾田保毛男」遭到抗議，帶有性別歧視的電視廣告受到撻伐等等，給人一種發聲者越來越多的印象，但由於也有反動的聲音，我覺得好像不能過於樂觀。

小島：演藝圈，尤其是搞笑藝人的世界是非常大男人主義的世界。不過，近來像是芭比、渡邊直美的表現都受到好評，這個世界也有了變化。不是也有搞笑女藝人出聲說很討厭「嘲笑醜女，拿長相做文章」嗎？過去將外貌至上主義和性別歧視當作天經地義的世界，也因為出現擁有不同價值觀的新世代而讓人感到一絲希望。想起十幾年前的電視，有種恍如隔世的感覺。雖然搞笑藝人對業界內的規則很敏感，但也對輿論和觀眾的心情很敏銳。所以越敏銳的人越能修正軌道，能夠判斷那些過去一直在忍耐的事現在可以說出來了。而一直以來外貌都被拿來當梗的搞笑女藝人，現在也變得能指摘、嘲笑電視臺的那種規矩。

太田：因為電視業界一直有一部分認為外貌至上主義和性別歧視，是天經地義的觀念就變成一種想戒卻戒不掉的癮頭。

對於電視業界男尊女卑的常識感到奇怪的人應該一直都在，卻因為害怕說出來會蒙受損失或是破壞氣氛而選擇和其他人一樣。經年累月下來，那種

小島：無論男女，都有人對這種文化感到奇怪，一直在忍耐。或許，現在的狀況就是他們鼓起勇氣，大聲呼喊：「現在應該能停止這種行為了吧？」

搞笑元素吧。

太田：我想為這樣的人全力加油。

由男人自己訴說「男子氣概」的詛咒

小島：由於女人本來就被放在社會邊緣，在不斷思考如何用言語傳達訊息後，女人的訊息變得精準而洗練。因此面對性別議題時，最早是從女人開始發聲，不過，最近男人也開始對性騷擾或職場騷擾的擴散發出「很奇怪」的質疑了。我認為，男人如何將自己感受到的不安、憤怒和無措——最重要的是「恐懼」——用言語表達出來是今後重要的主題。

太田：就是用言語表達情感吧。

小島：對外展示脆弱的男人會被說是「像女人一樣」。想改變這樣的社會，除了周圍的人不要這樣評論外，男人自己也必須以第一人稱的角度和基於自身情感、經驗的語言敘述這種說法對男人造成的影響。過去，關於女人味和男子氣概的詛咒，女人累積了幾十年的敘述，但男人的說法卻絕對性的不足。

太田：因為公開自己的脆弱和不安有違「男子氣概」的規範，所以感到害怕吧。

小島：我認為，有一部分也是因為女人逼的。當男人說喪氣話時，女人是不是曾不自覺地批評對方「很丟臉」、「很噁心」呢？女人也有強化性別偏見的一面，這是無庸置疑的。女人如果想消除「女人味」帶來的壓抑，當男人展現脆弱時也不要笑、不要批評，而是傾聽和認同他們。這麼做最後也會幫助自己活得更輕鬆。

「溫和的弒母」是我在書中用的一個說法。男人需要以非暴力的形式克服庇護自己，同時也在壓抑自己的權力——母親和公司都是——獲得自由。提到權力，一般都會想像到「父權」，其實母親也擁有莫大的權力。母親權力的特徵就是採取「這是為你好」的論調。裹著「為你好」外衣的話語將詛咒深植腦海，想要從這些詛咒中解放，就必須象徵性的「弒母」。「弒母」若沒有以溫和的形式進行，便會以暴力的方式顯露，最壞的情況是真的出人命。為了避免事態發展到這個地步，男人便需要支援，幫助他們往自我揭露和與他人同理、凝聚的方向降落。

在這方面，女人也已先走一步，累積經驗。一邊描述一邊分析宛如「毒母」一般壓抑的母親詛咒，加以克服。女人如果能和男人分享從那些經驗中獲得的智慧，應該就能開拓雙方都很和平的未來。

正確看清敵人、正確憤怒的技巧

太田：的確。透過分享脆弱和不安加深凝聚，學會這種生存方法的女人感覺相對比較多。這大概是因為女人有比較多這種訓練機會，無意識中鍛鍊出來的。背後的原因，或許是因為和男人相比，女人比較不會抗拒承認自己的脆弱與不安，並向他人展示吧。與其說這是性別天生如此，應該說比起男人，女人身上「要堅強」的這道壓抑微乎其微，向他人展示脆弱的門檻也比較低吧。

不過，若是男人的話，想要凝聚同樣懷抱著「不受女生歡迎」、「沒有取得社會成功」等痛苦、不安、自卑的同伴，難度似乎跟女人不同。或許是對正面承認自己的「脆弱」和「不安」有強烈的抗拒，結果，男人不是直視自己的脆弱與不安，而是莫名下意識地肯定了攻擊女人的言論。為了避免這種發展，男人需要「展示脆弱的技巧」吧。

小島：我認為那也是「正確憤怒的技巧」。所謂正確的憤怒，意思是條理分明地思考自己是對誰、對什麼事情生氣，看清什麼才是真正的敵人，用言語表達出來。若做不到，就會不小心去攻擊不是敵人的人。所以我才希望男人也能理解，他們的敵人不是女人也不是女性主義者，而是把示弱的男人趕到敗者立場的社會結構和父權制度的價值觀。

其實，那些男人也隱隱約約有察覺到這個事實，只是害怕深入理解吧。因為他們從一開始便明白，要和擁有特權的勝利組男人以及父權制度的價值觀所打造的組織對抗會落敗。所以才會把矛頭轉向比自己還弱小的女人。而且，這並非出於自覺，而是一種本能、反射。

太田：就像一種習慣動作吧。

小島：所以才需要正確憤怒的技巧。我也會對兒子說：「生氣和怨恨的時候仔細思考看看，真正的敵人是誰？真

正的原因是什麼？」

太田：還有就是勇氣吧。對比自己還強大的事物憤怒也不會猶疑的勇氣。

小島：沒錯。我常跟兒子說：「所謂的勇氣，是一種思考自己弱點的能力，能去做自己最不願意做的事。」勇氣包含了面對自己的弱點、持續思考的能力，還有小心謹慎。小心謹慎就是危機管理能力。舉例來說，假設預測可能會有海嘯的話，就會事先建造防波堤，尋找逃難的高地。主張「就算海嘯來，只要全神貫注奔跑就能逃脫！」是強悍，不是勇氣。所謂面對脆弱，不是責備自己，而是持續思考自己的脆弱來自哪裡、怎麼做才能防止同樣的事情發生。因持續思考而強壯。

太田：若是怠於思考，便會淪於輕輕鬆鬆的依賴或是攻擊女人。因為，我們的周遭有無數強化這種行為的內容。

小島：沒錯，會變得越來越依賴。必須讓男人學到「如果只是攻擊女人，不只自己的處境絕不會好轉，也沒有任何人有好處」。在教養男孩的過程中時常思考這些事的話，以這種邏輯觀照世界的習慣就會成為標準配備（笑）。這麼一來，在一成不變的育兒日常風景和對話中，就能發現機會教育的好時機。

太田：其實，日常生活中的一切都存在著那樣的機會呢。

小島：對啊。但如果沒有累積訓練思考，就無法發現那些機會。

珍惜單純的感動和對他人的敬重

太田：澳洲學校的性教育和日本不一樣嗎？

小島：其實，澳洲本來也是個非常大男人主義的國家，有很多家暴，但因為自覺到了這個問題，政府便也開始製作一些宣導影片，像是「『男生調皮搗蛋也沒關係』是家暴的源頭」，或是在各種場合教導大家「停止灌輸性別刻板印象」。

澳洲人小學畢業時，男女生會分別收到一本「今後身體會產生的變化」小冊子，告訴他們青春期的變化和有哪些地方可以諮商等等。國中時，正式開始性教育，外面的講師會來學校教導大家保險套的用法、什麼是性病、女生的生理期等等具體的內容。我大兒子上完那些課後回到家馬上就問我：「媽媽，妳知道衛生棉條嗎？」我也很泰然自若地回答他：「知道啊，我也會用喔。」在這裡退縮的話就輸了（笑）。

太田：一開始的回應非常重要呢。重點是「不要退縮」。

小島：之後，兒子得意洋洋地告訴我他學到的內容，我便大力稱讚他：「哇，你知道得真清楚，好厲害喔！」兒子大概就是「人體好神奇！」、「衛生棉條好厲害！」這種感覺吧。

太田：他應該是覺得「衛生棉條做得很棒！」很單純的感動吧（笑）。

小島：沒錯沒錯。他說「只要有棉條，生理期的時候不但可以游泳還可以去泡溫泉，是很了不起的發明對吧？」（笑）我認為，對未知的事物感到驚訝，想和誰訴說的心情中包含了對那件事物的敬重。而能夠教男孩子這些東西的環境真的很棒。

拜此之賜，女孩子在學校也可以很自然地說：「我今天生理期肚子痛，體育課要休息。」而男孩子也不會鬧女孩子的樣子。

太田：因為生理期就跟字面上的意思一樣，是生理現象啊。

小島：明明只是生理現象，卻把它當成見不得人的事情一樣，反而會賦予它一種是不是「很色情」的印象。明明是在描述自己的身體，卻為什麼非得顧慮到男人對女人抱有的幻想呢？孩子會自覺到這種迷思吧。

太田：漫畫家田房永子的《媽媽也是人》（ママだって、人間，暫譯，河出書房

新社）中有一篇〈陰部如何清洗的問題〉，精準地點出「大家對陰部特別忌諱」的現象。書中描寫了這種氣氛——當講師在生產前的媽媽教室裡說明如何為嬰兒洗澡時，可以光明正大笑著說出男嬰的性器官名稱，但提及女嬰的性器官時，即使在只有母親的場合也顯得躊躇，語帶模糊，彷彿在說什麼祕密一樣。我很有同感。

小島： 我想，這樣的人大概是在將女性性器官視為羞恥、禁忌的同時，也覺得公開談論可能會引來周圍對女人的攻擊，因此無法說出口吧。我母親就是這種典型，從她身上可以很明顯感受到她連自己的生理期都覺得非常丟臉。

太田： 這也是一種社會看法的內化吧。外部社會擅自對自己身體的性器官和生理現象套上一種猥褻的印象，自己也不小心將這種印象內化了。

小島： 沒錯。因為她在女兒初經來時說的話是「這樣妳從明天開始就不能做壞事了呢」，看不見一絲祝福的影子。母親這樣的行為就此決定孩子觀看自己身體的角度，實在是罪孽深重。同樣的，我們也可以說，當男孩子對自己的小雞雞感到興趣時，父母的態度會決定這個男孩子對性器官的態度。因此，這種時候一定要好好教導他們尊重自己和別人的性器官。我大概是從兒子兩歲左右開始就做好這樣的心理準備。

太田：我懂。不要害羞也不要笑，用跟談論晚餐菜色時一樣的態度，坦然地和小孩交流。跟自己說要加油。

小島：坦然聊這件事的同時也要很真摯。用「這是很重要的事喔」的態度回應。尤其是在一起洗澡的階段，母親如果能這麼做的話，會是非常有效的性教育。

無法用言語表達情感與母愛的控制

太田：我曾經聽別人抱怨過爸爸不肯幫忙教兒子性教育。

小島：我也曾經對孩子的父親有過這樣的期待，但無法。所謂教育，不只是言語，非言語的態度和姿態所展示的東西也很重要。對男孩子而言，父親是身邊的典範，我一直跟先生說希望他能教孩子，但直到現在他還是沒辦法。

雖然大家都覺得教孩子傳接球等等這類像男生的舉止，是普通父親的角色，但我希望身為同性，兒子的父親能教他如何面對自己的脆弱，告訴他失敗或痛苦的時候、快輸給孤獨和欲望的時候該怎麼做。我希望先生能讓兒子看見自己的不完美以及持續思考的樣子。可是，我問他什麼時候要這樣教小孩時，他回答：「唉呦，這要等到我能夠有自信地說出來，自己理解自己之後才能教。」那樣就太慢了啊！

太田：（笑）。不過，或許是這些爸爸們的父親也從來沒有教過他們，所以不知道該怎麼開口說明吧。

大部分的男人即使感到寂寞不安，大概也是下意識地壓抑這種感受，不會說出來吧。男性學的學者田中俊之教授在你們兩人一起出的書（☆1）中指出，與他人的關係中「如果本來立場就有上下之分的話，不用聽對方說話也沒關係」。權力上位者不需要將自己的意思說出來，因為即使不說，對方也會察覺，有所行動。

小島：就是這樣，下位者會顧慮和揣摩上位的心思。

太田：這麼一來，權力上位者就不需要認真聽對方說話或是用語言傳達自己的想法了。我工作上處理的離婚案例也是，經常聽到身為妻子的委託人說「和先生無法談話」、「不管說什麼先生都不願意聽，無法傳達出去」。在先生的觀念裡，妻子本來就不是「應該談話的對象」，大概缺乏將對方放在同等立場、予以尊重的意識吧。

小島：我先生是長男，在母親和奶奶的溺愛中長大。他的成長環境是周圍的人會先幫他打理好所有事情。我和他的談話模式有個特色，假設他問我：「妳要喝咖啡還是喝茶？」我回答：「我要喝咖啡，謝謝。」他會接著回：「好……不喝茶沒關係嗎？」我剛剛不是說喝咖啡了嗎！（笑）

太田：對話沒有成立（笑）。

小島：或是我回答：「謝謝，現在不用。」他就會說：「啊，是喔……不泡沒關係嗎？」

我想過他為什麼會這樣，大概是因為他的母親和奶奶過去就是這樣對他的吧。乍看之下像是讓本人選擇，其實是誘導對方，而且表面上還裝得很親切的樣子。由於他一直以來都被養成習慣這種事，所以和其他人對話時才無法脫離這種模式吧。

無法說出自己的情緒大概也是基於同樣的原因。在心裡整理出語言前，周圍的人就搶先一步說：「你很難過吧？」儘管他感受到的可能是其他情緒。即使出現嫉妒或是壞心眼的念頭等負面情緒，當別人一說：「你是好孩子，沒有覺得怎麼樣對吧？」就會覺得「嗯，我是好孩子，沒有覺得怎麼樣」，當那些想法不存在。因為無法辨別自己的負面情緒，所以即使別人問「你覺得怎麼樣」也答不出來。

太田：周圍的人奪走他講出來的機會了。

小島：我覺得那是非常暴力的一件事，是裹著母愛糖衣的強大控制。因為，奪走思考機會是最有效率的控制方式。

母親不要隱瞞，說出自己的欲望

太田：奪走和其他事物碰撞的機會會阻礙當事人的成長。我自己面對兒子時，也經常在快要代替他們做什麼時踩煞車，跟自己說「忍耐忍耐」。我一直很擔心自己這點沒有做好。

小島：我也會這樣，不過孩子越來越大，被看穿的機會也增加了。之前我們全家一起去搖籃山玩，是位於塔斯馬尼亞的一處觀光景點。我們討論要先去湖邊還是有袋熊的草原時，孩子們問我：「媽媽想去哪裡？」我回答：「都可以，你們想去湖邊的話就去湖邊。」但我後來想想，其實自己想去看袋熊（笑）。

太田：（笑）

小島：結果，因為天氣的關係我們先去了有袋熊的草原。回程的巴士上，小兒子對我說：「媽媽，妳剛剛雖然講都可以，但其實比較想看袋熊吧？妳不說然後讓我們自己決定，很卑鄙耶。」

太田：喔喔！

小島：我心想，孩子長大了！當時我想的是，如果未來我想跟先生離婚的話，老實跟兒子說也沒關係了吧。可以不用說「為了孩子」這種場面話了。

太田：就算說了，也一定會被看出來。

小島：沒錯。他們讓我覺得，原來孩子看著父母的樣子學習了語言之外的東西。妳曾經在兒子面前表現出自己的欲望嗎？像是孩子想選擇的東西跟自己不一樣時，說「媽媽比較喜歡這個」之類的。

太田：我本來就有習慣或說是一種傾向，總以迴避衝突為優先，壓抑自己的欲望……在個人關係中，甚至還被說過我這樣是「寵壞男人」。對於這點我自己也有反省，決定要有意識地跟兒子說「媽媽比較喜歡這樣」，以免寵壞兒子。

小島：原來如此！現在的我學了很多。教養男孩的路上最重要的，就是母親要將自己的欲望說出口。這並不等於控制。所謂的控制，是彷彿自己的欲望不存在般閉口不說，掌控對方。相反的，母親將願望說出口是像「你想吃羊羹啊，可是媽媽想吃蛋糕，怎麼辦？」將這個「怎麼辦」丟給孩子，提供討論的場域。從身旁看到坦率說出自己欲望的女性，應該會是最棒的學習。我決定把這件事當成自己今年的主題（笑）。

太田：（笑）

小島：媒體也一樣，女人只是和男人不同調，說出自己的意見，就會被形容是「歇斯底里」、「糾纏不休」，不過是因為大家不習慣看到女人表達意見罷了。反過來說，只要身邊的女性率先展現這樣的姿態，大家應該就會習慣了。

太田：我們的兒子大概每天都在接受這種鍛鍊吧（笑）。

給男孩的網路識讀教育

太田：小島小姐的兒子差不多也到了會上網的年紀了吧？他們知道推特上有些針對妳的酸民留言（☆2）或是中傷嗎？

小島：我在兒子接觸智慧型手機的階段就告訴他們，網路上充滿了我的負面資訊。我說：「你們看了之後可能會受到打擊，朋友也可能會說些難聽的話。不過，媽媽的工作性質就是這樣，就某種程度上而言是無可奈何的事，所以你們不用太認真看待那些話。如果有些內容會讓你們擔心是不是真的，不用顧慮，直接來問我。」

太田：不愧是小島小姐。

小島：我同時也跟他們說：「所以，如果你們在網路上看到其他人的負面傳聞時，也要抱持同樣的懷疑心態。」

太田：好棒喔。

小島：我還說：「如果看到有人對我寫了很惡劣的留言，你們也可以想想，那些人為什麼會對素昧平生的藝人做這樣的事，試著思考他們的動機。」我以前出過寫真集，網路上大概也會出現那些照片，或是有人會留惡評。我跟孩子們說，我之所以會出寫真集，是想要對「女人的肉體是為了男人的欲望而存在」的看法表達異議。女人穿泳裝等於性誘惑的這種解釋是錯誤的，任何人在游泳時都會穿泳裝，要穿比基尼還是連身泳衣由自己決定就好。即使不是市場價值中的「好身材」也無所謂。

太田：是個人意志對吧。

小島：在澳洲，老奶奶也會很普通地穿比基尼啊（笑）。我跟兒子解釋，我穿著想穿的衣服，按自己的期望拍照公諸於世，是一種對這個將外貌至上主義、年齡主義和物化女性視為理所當然的社會提出異議的行為表現。

太田：好棒的教育喔。我的小孩總有一天也會有智慧型手機，看見各式各樣的資訊。我認為必須像這樣事先跟他們解釋清楚呢。

比起去聲色場所，我更希望你成為一個在廁所哭泣的男人

太田：關於對孩子的期望，我記得妳在某個地方也寫過，希望他們不要成為會去

聲色場所的男人。我也是。雖然我認為現階段必須保護性工作者的安全與權利的論點沒錯，但站在另一個不衝突的意見上，我還是希望兒子可以思考使用性服務的意義，以及希望他們不要這麼做。因為，我不認為「利用錢可以對女人身體為所欲為」的這種觀點是尊重女人的尊嚴。

小島：是啊。雖然也有人會說「外遇和上酒店是兩回事」，但問題不在於有沒有外遇。而是聲色場所實際上進行的是人口販賣和對女人的剝削。惡劣的工作環境在風化產業中並不少見，那裡沒有保障女人能夠安全工作的權利，將錢花在這樣的產業結構上，就是幫助對女人性剝削的結構。即使女人是在自己的意志下從事性產業也一樣。

太田：跟主管和同事一起去那樣的地方，創造男人間共同的祕密以強化感情——現在似乎還有企業存有這種文化呢。

小島：有啊。就像一種組織的生命禮儀一樣。聽說連霞關的中央政府機關都有這種文化。我有朋友說「不要」，拒絕了去聲色場所的邀約，聽說後來被找麻煩，還曾經一個人躲在廁所裡哭。

太田：好過分喔……這是對男人的性騷擾也是職場騷擾耶。不過，也有男人會拒絕這種事帶給人一些希望。我希望兒子也能成為遇到那種場合不會輸給同儕壓力、能夠拒絕的男人。

小島：是啊。我想跟他說：「在廁所裡哭很痛苦吧？但幸好你是這樣的人。」

太田：這比上酒家好太多了，應該是要做為今後男性典範的樣貌吧。不過，有這麼多聲色場所的廣告隨興地充斥在生活中的話，或許會因為一個突然的原因就去了也不一定。

小島：綜藝節目也會很普通地聊這種話題，看起來很詭異。我曾經對認識的男生做過調查：「去聲色場所的時候都在想什麼？」大部分的回答是：「在妳問之前從來沒想過這個問題。」男人去聲色場所時腦袋裡想的是「會來多可愛的女生」。可愛的話，會覺得很「幸運」，若是不如預期，便會覺得「嘖，浪費了一萬八千圓」之類的。也不曾將對方當成一個人來思考。

太田：就像是看待一個商品吧。

小島：我無法接受將螢幕外、實際中互相觸碰身體、發生性行為的對象當作物品的感覺，也不同意「即使上酒家，只要珍惜家人就好了吧？」的說法。把女人分為「可以當作物品的人」與「必須尊重的人」，就對待一個人的觀點而言是錯誤的吧？身為共同生活的家人，我絕對無法原諒這種事。

面對色情內容的必備須知

太田：我也不希望兒子有這種物化女性的觀點，所以打算每次看到類似情形都要告訴他們，但孩子無論如何都會受到周圍的影響呢。男孩子擁有這種觀點的其中一個入口，果然還是漫畫一類的象徵性內容。我只要一發這類的推特，馬上就會引發強烈的撻伐。

小島：即使是一般的漫畫，也會將性別歧視的描寫當作固定的搞笑橋段，而且大家還會認同那樣很溫馨有趣，或是緩和氣氛對吧？

太田：我因為在意那些東西，所以會全挑出來跟兒子說。即使裡面有令人介意的描寫，但不讓小孩看那樣的動漫太不切實際，既然如此，我決定乾脆跟孩子一起看，一一解釋為什麼媽媽會覺得這個描述方式不太對勁（笑）。只是這樣的內容實在太多，很累就是了。色情內容也是，我沒有認為全都不准看，但我希望在孩子養成識讀能力前，不要看以肯定的態度描寫強暴和色狼等性暴力的內容。享受性描寫沒關係，但我希望他不要有享受性暴力描寫的感受。

小島：我在教兒子上網時，也教了他們跟性內容有關的知識。第一，色情內容裡刻劃的性愛基本上都是幻想，再來是希望他們思考這些影片是在什麼情形下拍攝的。有些強暴場面是演的，但也有些是女生真的受騙，被迫做這些事，甚至還有人被逼得自殺。我告訴他們，希望他們絕對不要幫忙購買或是散布那樣的內容。

日本AV業界近年來有個問題，市面上甚至流有女性受到威脅、欺騙，被迫強制拍攝的影片。其中也有人是遭到父母虐待，或是因貧窮而受制於人。我說，購買這樣的東西就是剝削和暴力的幫凶。

孩子去朋友家玩的時候，我也不停反覆告訴他們這個觀念。因為最近也有那種用手機拍下女友裸體，隨意給朋友看的事件發生。

太田：真希望孩子能夠擁有理解那是種暴力的感性。平常不會察言觀色，個性獨來獨往的孩子或許可以乾脆地指出問題或是表明覺得哪裡奇怪，但大部分「普通的小孩」，包含我兒子在內，或許會害怕破壞氣氛，不太能立刻拒絕那些事。

小島：每個人都會害怕破壞氣氛。尤其在男孩們的社群中，這類的壓力也更大吧。不過，即使當場無法出聲，但明白「啊啊，這就是媽媽說的那個」而有所警惕，跟毫無自覺被現場氣氛帶著走是不一樣的。

太田：由於能讓孩子在面對那些內容時有所疑慮，事前的理解是有意義的呢。這就是父母能做的事。

遭到剝削的男人性欲

小島：神話故事說男人的性欲無法控制。我跟兒子說世界上充斥著這種言論，再告訴他們：「雖然我沒有陰莖無法理解實際上的感受，但說男人無法控制性欲是騙人的。」

太田：那是個一直被拿來利用、很方便的神話呢。

小島：這世上有些人會將人們的欲望變成商品，換取金錢，而性欲特別容易成為這樣的對象。那些人在你耳畔輕聲低喃：「你的欲望無法控制，給我錢，我就幫你滿足欲望。」我告訴兒子，請保護自己，不要成為被那些人剝削的對象。

太田：對男人而言，這應該也是個尊嚴的問題吧。雖然性需求本來就是人類很重要的一部分……

小島：他們是被迫貢獻吧。遭商人洗腦、煽動。雖然女人主要是被購買的一方，但男人身為消費的一方也被當成商品了。

太田：商人展示給男人的內容明白透露著「對這個興奮吧！」的訊息，巧妙地從男人身上吸取金錢。

有個問題我覺得非常嚴重，就是有不少內容會讓觀者覺得把穿水手服這種未成年打扮的女生當性對象，或是強暴、色狼等性暴力描繪很「色情」。我擔心，沒有受過良好性教育的男孩子在看這些內容的過程中，大腦會建立一種回路，覺得性暴力是「色情的一種」。

小島：因為那些內容的基礎帶有厭女性質吧。雖然不要成為加害者這點在男孩子的性教育中很重要，但我認為，其中也包含了從厭女症的人手中取回自己被商品化的欲望，重新詮釋的意涵。

果然只能期許下一代

太田：我們一路談了各式各樣的內容，但結論果然還是努力讓下一代更好吧。

小島：沒錯。前幾天，我在昭和女子大學有場演講，主題是「『女主播』是女性的成功嗎？」結果來了三個念某間知名男校的國中生。他們不是由老師帶著，而是自己各自報名來聽演講的。大學的老師們都很感激，說來了他們最想接觸卻接觸不到的聽眾層！

太田：很了不起耶。

小島：原來，告訴學生演講資訊的是那所學校的男老師，聽說，雙方好像有討論到要藉這個機會一起做個什麼企劃。女子大學和男校要聯手討論性別議題，是個創舉吧？與其將體力用在改變舊世代，像這樣擴展下一代更有效率。

太田：因為孩子長得很快啊。所謂育兒，充滿了去年剛剛好，今年卻已經不適合的事。所以我無法對家長說什麼可以用兩、三年的時間慢慢考慮。因為事態緊急。

小島：沒錯沒錯。

太田：無論是廣河隆一還是山口敬之，雖然也很介意他們會做那種事的理由，但老實說，已經定型僵化的人只能等他們退場。不如說，我希望改變這個世界未來的標準，成為一個他們這類不懂何謂騷擾、犯下罪行的人絕對不會身居要職的社會。

小島：真的是這樣。

☆1　田中俊之、小島慶子（二〇一六）。不自由的男人們——那份生活的痛苦從何而來？（不自由な男たち——その生きづらさは、どこから来るのか，暫譯）祥傳社。

☆2　指網路社群（註4）中單方面謾罵、嘲笑、否定人格等的留言回覆。

註4　原文「クソリプ」在日本主要是指推特或IG上的「酸民留言」。但因為中文的「酸民留言」不限推特，而是泛用所有網路社群，因此這邊的註解譯文暫時將「推特」改成了「網路社群」。

第六章
致未來的男孩們

在最後一章裡，我將以前幾章所寫的內容與受訪者談論的話題為基礎，總結我想對自己的兒子與世上的男孩們傳達的話語。

我想傳達的事大致分為兩點。

第一點是，願你們能從「男子氣概」的詛咒中解放，自由生活。

第二點是，希望你們對「身為男人的特權」有所自覺，因為是男人，才更應該出聲反對性別歧視和性暴力。

不用否定自己的脆弱

首先，希望你們能承認自己心中的脆弱，了解任何人都有脆弱的一面，脆弱並不可恥。

如果將心中的痛苦、不甘、悲傷等「脆弱」、「沒有男子氣概」的情緒割捨掉而不願面對的話，對自己情感的「解析度」也會一直很低落。對自身情感解析度低的人，應該無法想像他人的情感。小島慶子在對談中也提到她跟兒子說：「所謂的勇氣，是一種思考自己弱點的能力，能去做自己最不願意做的事。」希望你們能承認脆弱原始的樣貌，敏銳觀照自己的情緒波動，同時，成為一個能夠想像他人痛苦與脆弱的人。

在這個社會上，經常聽到有人以好意或是鼓勵的意味說：「你是男人，不要為了點小事悶悶不樂。」有些事或許不要悶悶不樂比較好。然而，在消沉失落時凝視自己悶悶不樂的內心，有自覺地辨識情緒的波動，應該也是克服弱點和缺點的必經之路。因為一句「你是男人」、「像個男人一點」而「不去看」情緒本身的波動起伏，對克服弱點其實也沒有好處吧。

我和兒子們都很喜歡看動畫《鬼滅之刃》，但片中不時出現主角炭治郎激勵自己「因為我是長男」或是「既然身為男人，就要忍耐痛苦」，這樣的臺詞卻令我很介意。努力克服困難是很了不起的事，但難道不能用別句話來激勵角色嗎？我覺得「為了妹妹而努力」或是「身為年長者的自己必須努力」的心意當然很好，但照實說出來即可，不用特別說「因為是男人」也可以吧……便忍不住跟兒子也說了這樣的看法。

刮鬍刀公司吉列製作的啟發影片所討論的正是這個主題。影片裡流過一幕幕男孩們集體霸凌弱者、成年男子笑著對女人性騷擾、男孩打架的畫面，然後是對這一切以「男孩永遠長不大（Boys will be boys）」一笑置之的男人們。接著自問「這就是男人最好的模樣嗎？」描繪男人開始轉變的姿態，向男人訴求——停止舊有的「男子氣概」，對已經開始改變的下一代做正確的事。這是部很有趣的影片，請一定要到YouTube看看（☆1）。

我希望，在你們承認自己脆弱的同時，也明白需要幫助的時候可以向人求助。罹患腦性麻痺的小兒科醫生熊谷晉一郎說，「所謂自立，就是增加能依賴的地方」。仰賴、依靠什麼事物反而是一個獨立的大人所必需的。

當交不到朋友、女朋友，或是被周圍孤立等等，因為自己的加害經驗或受害經驗煩惱痛苦時，和擁有同樣心情的人交流，將成為自己找到與痛苦共處的契機。

男性討論園地「Re-Design For Men」的負責人，也是主導「我們的喪男研究會」的西井開指出，「與不會互相批評的人對話很重要」（☆2）。

本書中我很榮幸有機會能與清田隆之、星野俊樹、小島慶子一起對談，在每一段談話中，「平等關係中的溝通」、「用言語表達心情」都是關鍵字。我想，其中已經看到了解開男孩子詛咒的線索。

不要把性暴力當成笑話

其次，希望你們不要耍帥，輕率地將性暴力當成玩笑或笑話看待。請有一個觀念，「捅屁屁」或掀裙子這些事，即使做的人是抱持好玩或小小惡作劇的心情，但也有可能嚴重傷害對方。

其實，性騷擾和性暴力都若無其事地散落在我們的日常生活中，有時是沒有惡意的玩笑或黃色話題，有時是媒體拿來搞笑的「性感畫面」。把這些事當成笑點或是消費的娛樂，可能會讓受過嚴重傷害的人再次受傷，拿這些事開玩笑也有可能讓自己對性暴力的感覺漸漸麻痺。無論笑的人是誰，希望你們能擁有不要同流合汙的勇氣。

此外，將行為舉止女性化或是扮女裝的男人說成「娘砲」、「人妖」，拿來當搞笑題材，是對同性戀或跨性別等性少數者的歧視，很沒禮貌。除非你和當事人關係已經非常親密，是在彼此了解的基礎上故意開玩笑，不然這些都是不該說的話。

「開玩笑的」這句話不能成為暴力或欺負人的正當藉口。應該說，希望你們能察覺，「拿不能開玩笑的事來開玩笑這件事本身就有問題」。

成為一個能抵抗同性社群同儕壓力的男人

在男孩子團體裡，大家經常會一起看成人內容或是對班上女生的身材品頭論足吧。我在第二章解釋過「同性社群情誼」的生態。在那種場合裡，每個人都會配合周圍的氣氛，跟大家做一樣的事吧。不過，若是那個團體越線做出危害女生的事，或是有可能涉及不容允許的行為時，請拿出勇氣說「不」，退出那個團體。

我們來設想具體一點的情境吧。假設在畢業旅行或是集訓時，朋友開心地起鬨說去偷看女孩子洗澡的話該怎麼辦？男孩子間興奮地輪流觀看女生的偷拍影片和照片，或是喜孜孜地交換偷拍照片時又該如何呢？

獨自拒絕是需要勇氣的事。然而，若是順著氣氛軋一腳，自己也成為加害者的話就後悔莫及了。如果當場能說出一句「不要這樣」的話，其他人或許也都會鬆一口氣。請拿出勇氣，當能第一個說出這句話的人吧。當你長大後為不可理喻的職場騷擾所苦時，這樣的勇氣一定能成為你脫離騷擾的助力。或許，因為沒有和大家做一樣的事你可能會遭到霸凌、排擠，被笑是怪咖、不會察言觀色。然而，我認為這麼做的你，可以不用因此失去其他重要的事物。

另外，即使是「男孩子」團體，也不見得當中所有男生都喜歡女生，即使喜歡，或許也有人不擅長和其他人談這些事。或許，那些開玩笑的朋友中有人是同性戀，內心正因為疏離感而痛苦。如果能有這樣的想像力會更好。

用自己的觀點思考「用金錢購買性服務」這件事

長大後，朋友或同事可能會邀你去聲色場所，或是你自己本身對那樣的場所有興趣。動機可能只是單純的性欲，也有可能是想排遣寂寞和孤獨。

我完全沒有要否定那種心情的意思。不過，我還是希望你能思考「用錢滿足性需求」這件事的意義。如果只是單純處理性欲，自慰也辦得到，刻意以金錢從活生生的女人身上購買性服務來滿足同一件事是什麼意思呢？

雖說是理所當然的，但用金錢購買便代表對方不是因為喜歡你而和你發生性關係。即使對方看起來渴望這段關係，那也是職業上的演技。

關於用金錢購買性服務這件事的對錯我是怎麼看待的，可說是一言難盡。

在性別歧視結構牢固、男女薪資差距又大的現況裡，性工作「比其他工作薪水高」對女生來說是很大的優點。那麼，我們真的可以說，因為薪水高所以豁出去到聲色場所工作的女生，是「基於自由意志，沒有受到誰的脅迫，所以付錢從對方身上享有性服務沒有任何問題」嗎？

日本社會中，全職主婦離婚後成為單親媽媽的話，當一名正職員工很難獲得足夠的工資。此外，由於大學學費昂貴，也有學生想找時薪高的打工，保障念書時間的同時籌措學費（或是為了升學或考取證照）吧。

如果是因為這種理由而去聲色場所工作的話，這個選擇真的能說是「自由意志」嗎？選項從一開始就非常稀少，必須在為數不多的選項中選擇出來的結果，有多少可以說是「自由意志」？然後以女性的「自由意志」為藉口，說這種女方要是沒收錢絕對不想要有的性接觸沒有關係嗎？這件事中的問題，無法單純用「因為她們是基於自由意志在工作所以沒關係」來說明。利用金錢的力量讓對方和自己發生其實本人並不想要的性關係，這麼一來不就成了類似性暴力的行為嗎？

當然，任何工作在某種程度上都有「為了生活不得已」而做的一面，可以說不只性產業工作如此吧。但是，付錢給按摩師請對方按摩肩膀跟付錢給聲色場所的員工讓對方提供性服務是一樣的嗎？我無論如何都覺得不一樣。我認為，將關乎人性尊嚴的事物用金錢做代償這件事，是否必須深究其本質的意義呢？

此外，也有報導指出，一些有智能障礙的女性由於沒有足夠的判斷力和行為能力成為風俗業經紀的目標，在非本意的情況下從事性產業工作，這是很嚴重的問題。另外，年輕女生因為虐待等問題，在家中沒有容身之處而從事性工作的例子也所在多有。

即使性工作者企圖說服自己是「為了錢」，不用想太多，難道就不會因為自己的行為而受傷嗎？有沒有女生是本來就受到什麼傷害所以才在那裡工作呢？我無法捨棄的疑問是，顧客是不是在性工作者的傷口上獲得性快感？我並非想指責從事性產業的人，我的問題在於顧客利用這種狀況的這件事。

性工作者中，或許也有人是「帶著專業意識從事性工作，沒受過什麼傷，刻意選擇聲色場所工作」。然而，顧客無法得知眼前的性工作者是否真的是這樣的人吧？

而大部分性產業的雇主會從中搾取高額費用也是不爭的事實。希望你們能認識到，雖說是雇主剝削，但在這個以顯而易見的刺激勾起男人性欲，再利用活生生的女人身體從男人身上吸取金錢的經濟系統中，客人成了最後的幫凶。

也有人說，本來應該由社福單位幫助的貧窮女性，因為某些緣故無法和社福單位連結，性產業也有做為「安全網」的一面。實際上，性產業工作充斥著許多危險，不安全的「安全網」這種說法不但矛盾，性產業經營者也不可能把工作當社會福利經營吧？儘管如此，現在還是有些從事性工作的當事人因為種種因素會覺得需要這份工作吧。

這是個極為複雜敏感的議題，談論時稍有不慎就會傷害到人，真的很難訴諸言語，我也為此十分煩惱。儘管如此，我之所以特意提出來，是希望男孩們至少不要在絲毫沒有想過這些事的情況下踏入聲色場所。請你們仔細思考，遵從自己倫理道德觀歸納出的結論來行動。

了解僅僅只是「身為男人」便擁有「特權」

處於性別歧視結構牢固的社會裡，即使不是自己選擇生為男人，光是「身為男人」這件事就在性別歧視結構下位於「特權」立場。我希望，未來的男孩和男人能夠行使這份特權，積極對抗性別歧視與性暴力。

不過，或許有人會覺得——我又不是喜歡才當男生的，明明也有很多女生個性比我強、功課也很好。我自己也有很多難過的事，當男生反而才吃虧，我為什麼非得為性別歧視出聲才行呢？

研究優勢族群（majority）特權的出口真紀子（上智大學副教授、文化心理學）對「特權」的定義是「因隸屬某個社會團體不用付出便能獲得的優勢」（☆3）。

英文的 majority／minority 一般譯為「多數／少數」，用來稱呼在人數上幾乎相同的男人和女人或許有些奇怪。然而，majority／minority 一詞也帶有社會地位優勢／弱勢的涵義。就這層意義而言，所謂女人，在容易遭到暴力、輕視、瞧不起的意義上果然是 minority，弱勢族群。

大部分的女人在體型、力氣方面比男人弱，因此人們會有種女性物理層面不敵男人的體感。前陣子，在車站等地方出現專挑女人碰撞的男人引發了討論。那種男人是因為瞧不起女人，覺得「女人應該就不會反擊」而找碴。

大多數男人即使走夜路或是搭乘客滿的電車，也不會擔心遭遇性侵害吧？我不但自己遭遇過好幾次，當聽說或是看到同為女性的受害者時也無法覺得事不關己，生活中總是時時注意安全，保持警戒。一個人住時，找的都是大門有自動鎖的大廈、三樓以上的房間，走路擔心的時候則會使用計程車，為了安全也付出了成本。

我曾經聽認識的男生朋友說起他學生時代窮遊的經驗，不訂旅宿，開車旅行，找不到住處的話就搭帳篷或是睡在車中。我聽了後感到非常羨慕，因為我覺得女人無法做這麼可怕的事，心想原來男人可以不用擔心做這些事會成為性犯罪的受害者。

找工作時也是，如果要調職是否很難兼顧家庭？公司裡有多少同時工作和育兒的女性前輩……這些都是女生非常在意的情報。而大部分的男生平常生活都可以不用在意這些事吧？

社會學家Keane樹里安說，「可以『不用發現』、『不用知道』、『不會受到傷害』，就是被賦予特權的優勢族群」（☆4）。根據這個說法，世上許多男人對於女人的這種不安都「可以不用發現／不用知道／不會受到傷害」，果然就是「優勢族群」。

以行動負起擁有「特權」的責任

雖然不切實際，但我想過乾脆讓男人嘗試扮女裝生活一段期間，或許就能切身體會到以女人的身分生活是怎麼一回事了。也有許多男人在網路和書籍上分享到，自己實際試著以女人的身分生活後感受到不同的社會待遇。像是有名男性上班族在寄 E-mail 給客戶時出了差錯，用了女生的名字，結果對方的回應前後有著天壤之別（☆5）。

就像這樣，即使個人沒有輕視女人的意思，但在存有性別歧視結構的社會中生活，只要是男人，就可以不用承受只因是女人就會感受到的恐懼、損失和不舒服。這就是現狀，也果然是男人的「特權」。

即使說的是同一件事，有時男人的話也比女人的話更容易被接受。當女性指出性別歧視時，容易被認為是「情緒化、歇斯底里的要求」，也經常遭到抨擊。另一方面，若是由身為優勢族群的男人說出口，則不會像女人一樣受到抨擊，也比女人更容易將意見傳達出去。

不只是性別歧視，所有歧視都是如此。想要消弭歧視，優勢族群察覺歧視結構、視為問題，並採取具體行動改變是非常重要的事。

最近的「Black Lives Matter（黑人的命也是命）」運動也讓我思考了這件事。

二〇二〇年五月二十五日，美國明尼蘇達州明尼亞波里斯市發生了一起令人衝擊的案件，黑人男子佛洛伊德遭警察強押至馬路上，因頸部受到壓迫而死亡。美國各地對此事發起了廣大的抗議行動，愈演愈烈。示威抗議中，推特上一張照片映著一群白人為了守護席地抗議的黑人，手挽著手排成一列和警方對峙的身影。上傳照片的人寫到「This is what you do with privilege.（這才是特權的用法）」（☆6）。

即使生為白人不是自己的選擇，但若是自己在這樣的狀況下擁有優勢族群的特權，就必須行使這份特權，導正不公不義。性別歧視也一樣，需要優勢族群男人的理解、當事人意識和具體的行動。

也有人認為，「我都已經沒有歧視女性了還要再做什麼嗎？」僅僅只是個別男人沒有性別歧視的觀念，社會上的性別歧視並不會消失。

出口真紀子指出，歧視有下列三種型態，我稍微再補充一些自己的說明後如下：

①直接歧視：直接侮辱、排擠對方的行為。

②制度歧視：在法律、教育、政治、媒體、企業等制度中運作的系統性行為。

③文化歧視：因屬性不同，於美感或行為舉止等方面有不同的適用標準，或是很難說出歧視這件事的風氣等等。

「我沒有歧視女性」只不過是沒有①的直接歧視，卻不是因此沒有②的制度歧視和③的文化歧視。我們必須承認有②和③的歧視，努力消弭這種型態的歧視。這是社會每一分子的責任，屬於優勢族群的男人所採取的相關行動尤為關鍵。

或許你會疑惑，那到底該怎麼做呢？一開始不用做什麼驚天動地的大事。第一步，請先傾聽對性別歧視發表意見的聲音，試圖理解，並持續思考自己可以做什麼。像是當女生說自己遇到色狼時，有大人會插嘴說：「也有色狼是被冤枉的吧？」這就是典型不聽女生說話的例子，請當成反面教材。不一樣的話題留到別的時候再說，首先請先仔細聆聽那些控訴性別歧視和性暴力的聲音，從這裡做起。

默不作聲等於消極助長不義

眼前發生性別歧視或性暴力，能出一臂之力卻默不作聲，等於消極幫助不公不義的情形。這裡面沒有「中立」的立場。

加拿大安大略省在消除性暴力的活動中發布了一支短片「Who Will You Help?（你會幫誰？）」（☆7）。短片開始在Party會場中，男子正在對喝醉的女性性騷擾，突然，那名男子看向鏡頭說：「謝謝你沉默。」接著，在其他好幾種性騷擾的場面裡，加害者男性也同樣在途中突然轉向鏡頭，發出「謝謝你當作沒看到（我才可以繼續）」的訊息。影片最後跑出一段字幕：

「When you do nothing, you're helping him. 默不作聲，是幫助他（加害者）。

But you do something, you help her. 採取行動，你將幫助她（受害者）。

Who will you help? 你會幫誰？」

這部影片清楚傳達了「當眼前發生歧視或暴力行為時，默不作聲等於幫助加害者」的訊息。

很多時候，一些小舉動意外地能夠防止他人遇害或是幫助受害者。例如，深夜電車裡如果有喝醉酒的女性以及行為可疑、一直盯著對方看的男性，可以故意大聲問那名女子：「妳沒事吧？有人會來接妳吧？」（這是我實際用過的方法），如果自己辦不到的話，也可以請站員或是身邊的女性幫忙跟對方搭話。

發現色狼的時候，即使一時間無法抓住加害者的手問他：「你在做什麼？」但多少應該可以在物理上介入加害者與受害者之間，用手機打字給女方看，詢問對方「這是你認識的人嗎？」

澳洲維多利亞州的公益影片（☆8）中，有名男子發現電車內另一名男子一直盯著一名女性看，他在內心自問自答是否該介入，最後，他悄悄站到了凝視的男人和女人中間，強調自己發現了對方的行為。這個具體的例子告訴大家，僅僅只是這樣做，就能阻止令人不愉快的舉動。

儘管如此，我們也不是總是能採取適當的行動吧。有時，或許會在不自覺的情況下出現歧視的言行，被點出來後感到無地自容。

經常可以看到有男人本來是對性別歧視感到憤怒，卻因為被女人指出「你的這句話是歧視」而遭到打擊，開始鬧脾氣。雖然承認自己言行有歧視是件痛苦的事，但請客觀地檢視自己的行為，如果覺得犯了錯，就拿出勇氣，為該道歉的事道歉吧。我們只能這麼做，持續地提升、進化自己。如果有事情讓我察覺自己內心歧視的觀念或加害的屬性，儘管苦澀，我也會覺得必須拿出勇氣謙遜面對，持續思考，提升、進化自己才行。

了解社會是被改變的

雖然現在無法想像，但一九九〇年時，人壽保險公司的業務有個傳統，會發女性的裸體寫真月曆送給客戶。收到月曆的人也會光明正大地擺在公司的桌上。假如現在辦公室出現這種事的話，便會被視為「環境性騷擾」，如若雇主置之不理，也有可能被追究法律責任。

一九九〇年十月，第五章稍微提到過的「女子行動會」向三井生命公司遞交陳情書，提出質疑：「貴公司覺得女性在辦公室看到這類月曆時會有什麼感受呢？」雙方對談後，三井生命改掉了月曆圖案。

此外，過去的溫泉旅館中，男湯往往寬敞氣派，附有露天浴池，女湯則簡單樸素。這也是從前日常生活中天經地義的性別歧視。女子行動會便向全國的溫泉旅館遞交陳情書，以男、女湯每日交換的方式謀取男女平等的運用方式。

女子行動會針對含有性別歧視意味的企業海報等內容發出公開提問信，積極傳遞意見，創造對話機會。最後，達成讓有問題的海報或電視廣告下架，或是改變內容等成果。

然而，女子行動會提出問題的這些舉動，遭到當時週刊雜誌等媒體的冷眼、鄙視和訕笑，以「女人用子宮思考」、「沒人要的女生的偏見」、「女人的歇斯底里」等說詞對她們冷嘲熱諷。

在辦公室放裸體寫真月曆很沒常識，這種事變得如此理所當然其實是我們的前人即使受到嘲笑、鄙視，也想讓社會變得更好而行動的成果。這樣的例子比比皆是。如今理所應當的女性參政權也一樣，在過去女性沒有參政權的時代，提出要求的女人不但遭到嘲笑，甚至被當作危險人物看待。儘管受別人嘲笑、鄙視是很不舒服的一件事，但時過境遷，社會的價值觀標準也會改變，那些嘲諷、鄙視他人的人其實才可笑。我們現在的社會問題也一樣，不是等待就會有人想辦法、社會自然而然就會往好的方向「變化」。無論是男孩還是女孩，請務必了解，社會是靠自己行動後，「被改變」的。

這點當然不僅止於性別歧視和性別暴力，可以套用在任何議題上。即使是自己處於優勢族群的問題，每一次都要以自己能辦到的方法，積極行動。但願你們能成為這樣的大人。

構築平等的關係

一不小心就列舉了好多期望。

我不認為自己有辦法讓還是小學生的兒子，能夠突然理解前面提的所有內容。不過，我會隨著他們的成長階段傳達這些觀念，希望他們能夠在成年前先理解這些事。

每個人心中都有歧視的念頭。尤其是性別歧視，由於太過平凡，只要沒有意識便會不自覺內化到心裡。我親眼看過許多例子，即便是優秀的企業家、提倡人權和社會改革等崇高理想的自由主義社運人士，有些人在性別歧視方面依然擁有極為古老的價值觀，也對自身的加害行為毫無所覺。

無論是誰，如果在成長過程中沒有在哪裡學過兩性和性別歧視結構的知識，就不可能自然而然克服這個問題。如果能盡量在人生的前期階段了解這些知識，不但能減少錯誤，也希望未來能一直保持這種意識。

我所希求的簡單來說，絕對不是什麼特別的事。

將女人當成一個人來尊重。

停止競爭「男子氣概」，不要瞧不起「沒有男子氣概」的人。

不要擅自決定他人「不如」自己，藉由貶低這些人來轉移自己的孤獨與不安。

我認為，世上種種的歧視或許都來自於人類的脆弱，人們創造出單方面覺得不如自己的屬性，企圖藉由貶低擁有那種屬性的人來轉移自己的不安。因此，我希望你們能重整和他人一較高下的價值觀，盡可能有意識地去建立平等的關係——不是總是單方面教人，而是有時教導他人，有時也向他人學習；助人、也接受幫助的關係。因為大家都是人，這麼做很自然吧？

一定要處於「上位」才能安心，是不健全也很不幸的一件事。未來的男孩們，請你們和女性建立對等、平等的關係。

建立「新常識」，一起改變社會

在培養性和性別意識方面，儘管家庭有莫大的影響，但光靠家庭能做的也有限。孩子到了相應的年齡後，父母說的話只會聽進去一半而已吧。父母也不可能完全阻絕他們周圍的朋友和大人、電視與網路等灌輸的觀念。

因此，不是只要父母努力就好，也必須抹除整體社會中的性別歧視價值觀。只是「我的兒子剛好沒有成為加害者也不是受害者就好」是不夠的。我認為，整體社會的「常識」要更新，才能真正實現一個誰都不會成為性別歧視和性暴力加害者或受害者的世界。

為此，每一個人都得對「奇怪」的事發出聲音。雖然是緩慢樸實的行動，但我相信在時間的長流後一定會開花結果。

如我前面所述，曾經，「掀裙子」是動漫中經常描繪的場面，我也在自己的幼稚園或學校實際見過。然而，現在無論現實生活還是漫畫中，幾乎都不會看到這個舉動了。我認為，這是小市民將「掀裙子是不能做的行為，是性暴力」這件事說出來，透過不斷累積，整體社會醞釀出「掀裙子果然不好」的意識所帶來的成果。是社會啟動自我清理作用，使性暴力的一種型態銳減吧。這種事應該由累積層層議論而非靠法律來改變。

老實說，一路上看了這麼多性暴力、性騷擾案件，我對加害者是否能徹底悔過、痛改前非抱持十分懷疑的態度。人類是不太能被改變的。然而，我們卻能更新、改變社會的常識，人類的行為模式和觀念就有可能因此漸漸變化。為此，必須給予年輕世代適當的教育和資訊。今後，我們應該可以跨越性別和世代不斷交換意見，一點一滴建立沒有性別歧視的「新常識」吧。

即使單從我身邊的所見所聞，也能感受到現在二、三十歲的年輕男生比他們父親那一代更能調整心態，分擔家事和育兒的工作。我的兒子與同世代的男孩們如果將來能認識這個社會的歧視結構，和女人一起奮戰的話，隨著舊世代的退場，日本社會應該會有很大的改變吧。

為了下一代的女性，這也是我們這一代非做不可的事。

過去，前人經歷漫長奮戰，為女性贏得了參政以及和男性平等工作的權利交到我們手中，雖然性別歧視依舊存在，但前人留下來的事物支撐著我們現在的自由。

那麼，我們這一代能留給下一代的遺產是什麼呢？特別是身為一個教養男孩的家長，或許那就是「不要讓我的孩子成為歧視他人的男人」，以及「讓更多男人會對性別歧視與性暴力感到憤怒，一起並肩作戰」吧。

這本書即是我在思考這些事後寫下的作品。

☆1 Gillette。We Believe: The Best Men Can Be。取自：https://www.YouTube.com/watch?v=koPmuEyP3a0

☆2 西井開（二〇二〇年三月八日）。男人在「看不見的特權」與「隱藏的窒息」中如何生存。現代商業。取自：https://gendai.ismedia.jp/articles/-/70882

☆3 立場心理學：思考優勢族群的特權。取自：上智大學二〇一六年度下學期公開課網頁：https://ocw.cc.sophia.ac.jp/lecture/20160929gse65980/

☆4 Keane 樹里安（二〇二〇年六月二十六日）。「對人種歧視沒有概念」的日本人享有極大特權的現實。現代商業。取自：https://gendai.ismedia.jp/articles//73518

☆5 安田聰子（二〇一七年三月十七日）。用女生的名字寄出工作信件後……一個察覺到隱形歧視的男人故事。赫芬郵報日本版。取自：https://www.huffingtonpost.jp/2017/03/14/man-signed-work-emails-using-afemale-name_n_15352470.html

☆6 https://twitter.com/kyblueblood/status/1266368755635896322

☆7 Who Will You Help? Sexual Violence Ad Campaign。取自：https://www.YouTube.com/watch?v=opPb2E3bkoo

☆8 Respect women:call it out— active bystander。取自：https://www.YouTube.com/watch?v=UHxAxRYIlfE&

後記

我第一次把在性別歧視社會中教養男孩的困難這件事說出來，是二〇一八年十二月以訪談的形式呈現（〈親子該如何面對性別歧視社會？〉刊載於《imidas》）。這篇訪談收到了許多認同的回應，認為我將他們一直梗在心裡的事具體說了出來。

之後，二〇一九年一月號的《VERY》雜誌（光文社）刊登了一篇報導，標題是「為了避免兒子將來對伴侶說『家裡的事能做好的話也可以去工作』現在能做的事」，我看得興味盎然。這個標題令我的腦海中不禁浮現許多女性的身影——在家事和育兒的分工上與先生發生衝突，筋疲力盡，最後感嘆「這個人除非是砍掉重練，否則沒救了。希望兒子不要成為這樣的人」（也是我在離婚案件中經常看到的女性樣貌）。

同年三月，日本出版了《Boys 男孩為什麼會長成「男人的樣子」》（ボーイズ 男の子はなぜ「男らしく」育つのか，暫譯，Rachel Giese 著，DU BOOKS）一書。作者和同性伴侶一起教養男孩，為在性別歧視社會中養育兒子的困難而煩惱，並期望未來的男孩們能過著自由幸福的人生，引起我強烈的共鳴。

二〇二〇年二月號的《LEE》（集英社）刊載了一篇以育兒性別偏見為主題的報導，標題是「你說過嗎？『你是男生／女生所以……』生活中可能沒有意識的性別歧視!?」

這些書籍和媒體報導的出現，也讓我感覺到這個時代有許多人，尤其是與男孩教養相關的人開始思考「為了減少男人的痛苦也為了消弭性別歧視，男孩的教養方式將是關鍵」這件事。

在這樣的思潮中，身為正在教養兒子的當事人，我帶著開響第一槍的心情，和大家分享「教養男孩的這些事很令人煩惱吧？該怎麼教才對是吧？」所寫下的文章便是本書。

當人們提出性別歧視和性別差距問題時，受到關注、被賦予力量的對象主要都是女人和女孩而非男人和男孩。也就是說，性別歧視結構很容易只被當成是「女人的問題」。當然，承受性別歧視帶來的直接虧損和嚴重影響的是女人，女人毋庸置疑在這個問題中是當事人，我自己也一直以女人的身分在思考性別歧視的問題。

不過，成為兩個兒子的母親後，對於他們將來也會以他們的方式成為性別歧視問題的當事人這件事，我開始有了許多想法。在為工作、家事、育兒忙得暈頭轉向的日常中，我很感激能有機會可以將過去腦海中零碎的想法以這種方式呈現出來。為了留給下一代更好的社會，我們能做些什麼呢？希望本書能夠稍微成為讀者和生在同一個時代的其他人，一起思考這個問題的契機。

在此，向給予我珍貴對談機會與許多方向的清田隆之、星野俊樹、小島慶子致上由衷的謝意。感謝為本書畫下絕妙插畫與負責設計的 mashimoyu（マシモユウ）、後藤葉子，以及大月書店的岩下結編輯。

在日本社會中，仍然還很缺乏一種男性典範能不囿於傳統以往的「男子氣概」，並以優勢族群的身分抗議性別歧視、讓後進當作行為指標。或許，我的兒子和未來的男孩們這一代在缺乏榜樣下，會創造出屬於他們的典範。

身為家長，身為一名大人，我衷心為他們的挑戰加油，也希望能在一旁守護，對他們抱以期待。

二〇二〇年六月

太田啟子

嬉文化

致未來的男孩們：掙脫「男子氣概」的枷鎖

（原名：これからの男の子たちへ：「男らしさ」から自由になるためのレッスン）

著　者／太田啓子
執 行 長／陳君平
榮譽發行人／黃鎮隆
協　理／洪琇菁
總 編 輯／呂尚燁
美術總監／沙雲佩
美術編輯／方品舒

譯　者／洪于琇
執行編輯／呂尚燁
企劃宣傳／陳品萱
國際版權／黃令歡、梁名儀
文字校對／施亞蒨
內文排版／謝青秀

出　版／城邦文化事業股份有限公司 尖端出版
台北市中山區民生東路二段一四一號十樓
電話：（〇二）二五〇〇－七六〇〇
傳真：（〇二）二五〇〇－二六八三
E-mail：7novels@mail2.spp.com.tw

發　行／英屬蓋曼群島商家庭傳媒股份有限公司城邦分公司 尖端出版
台北市中山區民生東路二段一四一號十樓
電話：（〇二）二五〇〇－七六〇〇（代表號）
傳真：（〇二）二五〇〇－一九七九

中彰投以北經銷／楨彥有限公司（含宜花東）
電話：（〇二）八九一九－三三六九
傳真：（〇二）八九一四－五五二四

雲嘉經銷／威信圖書有限公司 嘉義公司
電話：（〇五）二三三－三八五二
傳真：（〇五）二三三－三八六三

南部經銷／威信圖書有限公司 高雄公司
電話：（〇七）三七三－〇〇七九
傳真：（〇七）三七三－〇〇八七

香港經銷／城邦（香港）出版集團有限公司
香港灣仔駱克道一九三號東超商業中心1樓
電話：（八五二）二五〇八－六二三一
傳真：（八五二）二五七八－九三三七
E-mail：hkcite@biznetvigator.com

新馬經銷／城邦（馬新）出版集團Cite（M）Sdn. Bhd.
E-mail：cite@cite.com.my

法律顧問／王子文律師 元禾法律事務所
台北市羅斯福路三段三十七號十五樓

二〇二一年十一月一版一刷
二〇二三年八月一版二刷

■中文版■

郵購注意事項：
1. 填妥劃撥單資料：帳號：50003021戶名：英屬蓋曼群島商家庭傳媒(股)公司城邦分公司。2. 通信欄內註明訂購書名與冊數。3. 劃撥金額低於500元，請加附掛號郵資50元。如劃撥日起 10～14日，仍未收到書時，請洽劃撥組。劃撥專線TEL：(03)312-4212 ・ FAX：(03)322-4621。E-mail：marketing@spp.com.tw

國家圖書館出版品預行編目(CIP)資料

致未來的男孩們：掙脫「男子氣概」的枷鎖 / 太田啟子著；洪于琇譯. -- 1版. -- [臺北市]：城邦文化事業股份有限公司尖端出版：英屬蓋曼群島商家庭傳媒股份有限公司城邦分公司發行，2021.10
面； 公分
譯自：これからの男の子たちへ：「男らしさ」から自由になるためのレッスン
ISBN 978-626-316-119-1(平裝)

1.親職教育 2.育兒 3.男性 4.性教育

528.2 110014328